おみやげと鉄道

「名物」が語る日本近代史

鈴木勇一郎

講談社学術文庫

目次

おみやげと鉄道　「名物」が語る日本近代史

原則として、本書の記述内容は原本が刊行された二〇一三年当時の情報に基づいている。

おみやげと鉄道

「名物」が語る日本近代史

序章　おみやげの起源とおみやげ文化

日本の特異なおみやげ文化

現在日本の観光地では、至るところでおみやげが盛んに売られているのを目にすることができる。しかし、このような光景は、世界的にみれば必ずしも一般的なものではない。とりわけ欧米人にとっては、興味深く映るようだ。二〇〇一年に、ロンドンの大英博物館では「現代日本のおみやげ」という小さな企画展示がなされた。この催しは、同博物館に関わる研究者が実際に日本を訪れ、宮島など現代日本の観光地などで売られているおみやげを収集してきて展示したものである。そこでは、日本人の観光客は次のようなイメージを欧米において持たれていると指摘している。

日本人観光客に関して、西洋に広がっているイメージとして、日本人はパッケージツアーを利用することが多く、一ヵ所に長く留まるよりもいろいろな所を見てまわり、しかも多くの高額なおみやげを買うこと等があります[1]。

この文章からは、外国人が、日本人の旅文化の中でもおみやげの風習を際立った特徴として感じていることが窺える。

おみやげへの国内外の温度差は、ガイドブックを比較すると歴然とする。日本語のガイドブックには、海外用国内用を問わず買い物、おみやげ情報が満載されているが、英語の代表的な旅行ガイドブックである『ロンリープラネット』など、外国で出版されたガイドブックにはこれらの記述が非常に少ない。

また日本の少し大きな駅では、必ずといっていいほど、売店などでおみやげが大量に売られているのを目にする。地方の小さな駅ですら、多少なりとも拠点となるような駅では、売店でおみやげを扱っている。これに対して、欧米の駅構内では、おみやげが日本のような形で売られていることは、基本的にほとんどないといってよい。

もちろん、欧米でも観光地には多くのおみやげ屋はあるし、駅ではなくとも国際空港などでは、おみやげは売られている。だが、これらの多くは工芸品など非食品である。一方、日本では、饅頭や羊羹などといったお菓子類や、その土地の名産と称する食べ物類が多いのが特徴的だ。彫り物や置物、陶磁器など、非食品の製品もおみやげとしてたくさん売られていることも事実だが、海外との比較でいえば、相対的に食べ物、とりわけ菓子類が多いことは確かだろう。[2]

外国で売られているおみやげの中にも、食べ物類がないわけではない。ハワイのおみやげとして知られているマカデミアナッツチョコレートは、その代表的なものであろう。しかし、この商品も、一九六〇年ごろにハワイ在住の日系人が開発したものであり、[3]日本のおみやげ文化の影響を抜きにして、その成立を考えることはできない。外国、とりわけ欧米諸国においては、お菓子類の名物的なおみやげというのは、かなり例外的な存在であることはまちがいないだろう。

しかしながら、中国や韓国、台湾などの東アジア諸国では、さまざまな観光地で菓子類がおみやげとして盛んに売られている。したがって、筆者がここで述べているおみやげ文化の特異性というのは、日本に限らず欧米と比較した東アジアの特異性とみることもできるかもしれない。たとえば、台湾台中市の太陽餅（タイヤンピン）など、名物として知られているものも少なくない。

だが、それらが日本とまったく同じなのかといえば、かならずしもそうともいえない。日本では、土地の歴史に由緒づけたような名物が、おみやげとされていることが非常に多くみられる。だが、他の東アジアにおいては、そうしたことはあまり一般的ではないようであ

THE BRITISH MUSEUM
illuminating world cultures
Souvenirs
in contemporary Japan
みやげもの
Based on recent research carried out in Japan, this exhibition explores the scope and variety of souvenirs in domestic travel, their role as gifts and their place in the home. Most of the objects in the exhibition were collected with the support of BP and chosen for their popularity as souvenir items in the places visited.
Sponsored by BP as part of BP Ethnography Showcase

大英博物館“Souvenirs in contemporary Japan”パンフレットと展示(筆者撮影)

る。この点について、実証的に細かく検討していくことは筆者の能力を大きく超えるが、日本のおみやげ文化が世界的に際立ったものということはいえるだろう。

日本独特の「名物駅弁」

いま述べたような、土地と結びついた名産食品類が豊富であるという日本のおみやげの特徴は、駅弁の発達ともある程度の相関関係があるかもしれない。

日本の駅では、名物駅弁と称するものが盛んに開発され、大々的に売られている。このことも、世界的にみればかなり特異なものであろう。欧米諸国の鉄道でも、駅でサンドイッチなどの携帯食が売られていることはある。だが、その土地の名物として大々的に売られているとは、あまり耳にしたことがない。ロンドンがもし日本の都市であったなら、ターミナル駅で「ビッグ弁」もしくは「ビッグベン当」などの類が売られることは確実であろう。しかし、現実のロンドンのターミナルは言うに及ばず、イギリス国内のほとんどの駅では、ありきたりなサンドイッチなどが売られているだけで、その土地の「名物駅弁」的なものは存在しない。

台湾のように、その駅特有の駅弁が存在する例がないわけではない。しかしながら、他の駅で売られている通常の駅弁と、中身がとりたてて変わっているわけではない。また、「独眼竜政宗辨當」（仙台駅）や「利家御膳」（金沢駅）のように、歴史上の人物や故事にひきつけたものは、やはり日本独特のものであると、ひとまずいってよいと思われる。

「おみやげ」と〝スーベニア〟

　現在、我々がおみやげという場合、旅から帰った際に人に渡すもののほか、病人へのお見舞いや他人の家などを訪問する際に持っていくものを指すことも少なくない。しかしこれは「手みやげ」といわれることが多いように、性格をかなり異にする。英訳する場合にも、〝スーベニア〟ではなく〝ギフト〟とされることが通常だ。「手みやげ」にまで対象を広げてしまうと議論は限りなく拡散してしまうので、本書では旅行から帰った際のおみやげ、いわゆる「旅みやげ」に基本的には限定して話を進めたい。

伊勢市駅のホームに展示された伊勢みやげ。餅、饅頭、煎餅など、菓子類が中心(筆者撮影)

　そもそも、現在日本語の「おみやげ」の英訳としては、通常souvenir（スーベニア）が当てられているが、この二つは厳密には別のものである。フランス語のsouvenir（スーベニール）に由来するスーベニアということばは、旅に出かけた当人の思い出としての意味が強いものなので、「おみやげ」とは言意に相当の違いをはらんでいる。

日本の贈答文化を研究したキャサリン・ルップも、西洋の souvenir が旅に出かけた当人の思い出用という色彩が濃く、そのため多くは腐ることのない非食品であるのに対し、日本の「おみやげ」は同行しなかった人向けのものであり、たいていは食品ということを指摘している。[4] つまり、乱暴に整理すると、日本のおみやげは自らの旅の証を他人に配るもの、西洋のスーベニアは自分のためのメモリアルという区分ができよう。

たしかに、西洋の観光地のおみやげ屋の店頭に並んでいるのは、いかにも自身の部屋に飾りそうな工芸品が大半であり、人に配ることを前提にした名物菓子の類は数少ない。右の説をふまえれば、そのことにも納得がいく。

おみやげ研究をめぐって

日本のおみやげ文化が諸外国とくらべてきわめて特徴的であることを、ここまで述べてきた。ところが、日本のおみやげについての研究は、国内でもそれほど進んでいないのが実情である。[5]

もちろん、これまで文化人類学や観光学の分野からの研究は、少なからずおこなわれてきた。[6] しかし、これらは、現状のおみやげの意義を分析することに重点があり、その来歴を歴史的に検討したものは少ない。

個別の名物やおみやげについての研究はなされており、[7] おみやげにまつわるエッセイやルポルタージュの類などは山のように存在する。だから、現代の日本人がおみやげについて無関心というわけではない。だが、おみやげという文化そのものへの歴史的関心は乏しかった。

おみやげの歴史研究がこれまで進んでこなかった要因はいくつか考えられる。たとえば、対象となる時代が近世から近現代を横断するための困難や、史料の乏しさなどがあるだろう。とくに史料の問題は大きく、名産品の製造販売はたいてい個人営業や小規模な業者に依っており、鉄道などのような許認可産業ではないため、史料となる記録が非常に残りにくいのである。

そうした状況のなか、民俗学者の神崎宣武の研究は注目に値する。みやげの起源を探るとともに、贈答にまつわる習俗や近世における名物・みやげの発達の姿を描き出しているのだ。彼は、近世の名物の発達と近代におけるみやげとの間には、かなりの落差があるとした上で、饅頭など食物のおみやげの多くは、実は近代の産物であることを認めている(8)。

しかし、彼の研究では、近世以前における名物の発生や楊枝（ようじ）などといった近世的なみやげの展開の分析に多くが費やされており、近代におけるみやげの展開は、それほど具体的に分析されているわけではない。現在、日本には明治以前から続くような名産品が各地に残っているが、それらは必ずしも近代以前と同じものとは限らない。それらが、近代日本の歩みの中で、どのような展開を遂げてきたのかは、ほとんど明らかとなっていないのである。

近代のおみやげを具体的に分析した研究も、ごく少数だが存在する。加原奈穂子によるきびだんごを対象とした研究は、日清戦争などを通じてきびだんごが桃太郎伝説と結びついていく過程を分析し、名物の形成においての「物語」の重要性を強調している。名物の形成にあたっては、伝説や由緒といった物語が必要不可欠な存在であるが、その物語も近代になってから作り出され、変容していったものが少なくないのだ。

さて、ここで紹介した先行研究が明らかにするように、おみやげは文化としての性格を強く持つ。だが、その他方で、商品として存在するおみやげ品は、由緒や来歴といった物語だけで成立するわけではない。産業としての要素と複合的に絡み合うことで、初めて成り立っているものである。

本書では、近代国家の文化と産業の両輪の中で、近世以来の名物とおみやげがどのように変容し、または形成されてきたのかを明らかにしていく。とりわけ、文化と商品としての相互作用の中で、近代のおみやげがどのように形成されてきたのかが、大きな研究課題となる。具体的には、鉄道、軍隊、博覧会という代表的な近代の装置との関係性を追究することで、近代のおみやげの特性を浮かび上がらせていきたい。

神社仏閣とおみやげの起源

近代のおみやげについて述べていく前に、その前提として、日本におけるおみやげの起源について、まず触れておきたい。

おみやげの起源については諸説あるようだが、その有力なひとつは「宮笥（みやけ）」説である。これは、神社に参るときに持っていく「笥（け）」という供物を入れる器の意から転じたとするものである。もうひとつの説は「屯倉（みやけ）」からきたというもの。これは、大和朝廷の直轄領におかれた稲米の倉である「屯倉」が転じて、都に運んだ地方の産物の収納にも通じる。いずれにせよ、神仏や貴人に対する「献上品」や「もてなし」という意味が色濃い[9]。

神仏に捧げられたものに対して、人は神酒などを授かる。神前で酒食を共にすることで、神と人は神人共食、つまり「直会（なおらい）」を果たす。そして人びとには「おかげ」があったとされる。その「おかげ」を帰宅してから家族や講員に報告するための証拠の品として、酒盃などが持ち帰られた。これが、みやげの原初的な形態であった[10]。また、神に供えた供物、つまり神饌（しんせん）を下げて、神と人が酒食を共にする直会食という行為自体にも、神のおかげを分配する機能があった[11]。

日本の「おみやげ」の多くが、菓子類など食品であるということの背景には、こうした意味がある。みやげは元来神々の「おかげ」を分かち合うということがその起源であるということができよう。

ところが、寺社に参詣する人数が増えると、すべてを寺社や御師などからの授かりものとするわけにはいかなくなる。そこで、これに代わる品をみやげとして売る店が門前に発達した。こうして、神社仏閣の門前では名物が次々と生まれ、人々におみやげとして購入されるようになっていった。また、「みやげ」には近世中期以降、土地の産物を意味する「土産」の字を当てることが一般的になっていったのである[12]。

サンティアゴ・デ・コンポステーラのスーベニアショップ。キーホルダーや置物など非食品が中心(筆者撮影)

日本のおみやげの起源に神社仏閣への参詣が深く関わっているとすると、そうしたあたりのことが、日本と西洋の大きな相違点を生み出していく要因になったと考えるのが、自然だろう。日本では、ご利益のあるとされる神社仏閣に数多くの参詣人が訪れ、そこで神仏から授かった「おかげ」を郷土の親族や知人に分かつということが、おみやげ文化発達の基礎をかたちづくったのである。

一方、西洋諸国においては、日本的な意味での「ご利益のある」教会などというものは、基本的には存在しない。特に、神と信者との直接的な関係を重んじるプロテスタントでは、所属している教会に礼拝に行くことが重んじられ、わざわざ遠隔地の教会に特別の「ご利益」を求めて行くことはない。少なくとも、日本のように駅や電車の車内に神社仏閣参拝の広告が大々的にある、という状況はみられない。

これに対して、聖人や聖遺物崇拝を認めるカトリックなどでは、遠隔地の聖地まで巡礼に訪れる習慣がある。スペインのサンティアゴ・デ・コンポステーラやフランスのルルドなどは、数多くの巡礼者を集めていることで広く知られている。たしかに、ルルドでもサンティアゴ・デ・コンポステーラでも、現地ではその巡礼を記念するようなスーベニアが売られている。特に、病気治癒のための巡礼という性格が強いルルドの町では、メダルやろうそく、聖水を入れる容器などの信心用具が多数売られ、これらが親しい人へのおみやげとして購入されている。[13] おそらくこれには、周囲の人々とルルドの「ご利益」を分かち合うという意味があるので、日本的な意味でのおみやげにも共通するところがあることは確かである。

しかしそれでも、はじめに述べたように、自分へのメモリアルとしての要素が色濃い。「ルルドサブレ」や「ベルナデッタ（ルルドで聖母マリアを「発見」した少女）クッキー」の類の名物菓子も、筆者が見聞きした範囲では見つけることはできなかった（厳密な調査をしたわけではないが）。日本の名物菓子がその土地の特性を売りにしているとするなら、西洋諸国で売っているチョコレートやクッキーは、土地柄や地域性よりも、近代文明としての普遍性を強調する傾向にあるということができる。[14]

「名物」と「みやげ」

これまで「おみやげ」と並んで「名物」という言葉を何度も文中で使ってきたが、本論に進む前に、その意味内容について少し検討しておきたい。

名物とは、さまざまな定義ができるだろう[15]が、本書で扱う内容にひきつければ、風土、歴史、材料などでその土地の特質を表す物産ととらえて、それほどまちがいはないだろう。

江戸時代に庶民の旅が盛んになるなかで、神社仏閣の門前や街道の茶屋などで、餅・団子・饅頭の類が「名物」として知られるようになっていった。だが、それがそのままみやげとして広まったとはいえない。

保存技術に乏しく、運搬手段が限られていた近世では、神社仏閣の門前の茶屋などで数多く売られていた餅や団子などの名物は、基本的にその場で食するもので、みやげとは異なっていたからだ。名物すなわちみやげ、ではない。徒歩で旅をせざるをえなかった時代には、持ち運べる品は限られていたのである。[16]

みやげとなったのは、多くは楊枝や団扇（うちわ）など非食品であり、手工業品である。たとえば、伊勢参宮では伊勢暦（いせごよみ）、万金丹（まんきんたん）、煙草入れがその代表的なものであった。[17]また、近世後期の京都などでは、社寺参詣の証明という意味と持ち運びやすさ、さらにガイドブックとしての実用性を兼ね備えたみやげとして、境内図が盛んに売られていた。[18]

門前や道中の名物の多くは、街道を行き交う旅人たちが休息の際に摂る、間食として発達してきたものである。だが、単なる道中食というにとどまらず、その土地特有の「名物」として次第に認知されるようになっていった。近世では、まだ砂糖は高価で貴重なものであり、砂糖を使った餡入りの菓子を食べるのは、庶民にとってはハレの行為であった。[19]したがって、そこで食べる餅は、単なる菓子というだけではない、相応の意味を付与される存在となったのである。

ものがたりとしての由緒──「名物にうまいものなし」の背景

先に触れたように、名物たりうるには、その土地のものであるということの、何らかの由緒が必要となる。だが、その土地の材料で作られることが常に可能というわけではない。そこで、「名所」や「伝説」などに依拠することで「由緒」を獲得し、名物としての地位を築くことになる。

本来名所というのは「ナドコロ」であり、中世末までは、和歌の歌枕に詠まれた、特に名の立った地、名高いところを指していた。したがって、歌に詠まれたナドコロは文学や神話、伝説に彩られた名所・旧跡が中心であった。[20] つまり、名所というのは、土地の知名度を高める重要な要素であり、名所としての知名度が高いほど、名物が生み出されていく素地が固まっていくという構造を持っている。

近世からの代表的な名物の一つである東海道草津宿の「姥が餅」にしても、「風味は別に変ったものではなく、普通の餡コロであるが、因縁の附いた物語があるだけに、最も弘く世に知られて居る」[21] という評があるように、名物にとっては内容にもまして、その来歴を語る由緒が重要なのである。

文化人類学者の橋本和也は、単なる貝殻や石のかけらにおみやげとして意味を持たせるためには、旅行者それぞれの「ものがたり」の構築が重要な要素となってくると指摘している。[22] ここまでみてきたいくつかの「由緒」も、こうした「ものがたり」の一つといえる。時代が下ると、個人の旅行の体験や記憶が多くを占めるようになっていくが、元来は、神社仏閣の縁起や歴史上のできごとといった「由緒」が、「ものがたり」の基本を構成していたのである。

「名物にうまいものなし」というのは言い古されてきたフレーズのようだが、場所に付着した食品であることの重要さを、逆に浮かび上がらせているとみることもできる。

土地にまつわる、ということ

草津の姥が餅以外にも、近世の東海道では、旅人の増加とともに各地で饅頭や餅などが作り出され、その土地の名物として発達するようになった。たとえば、鶴見の米饅頭、静岡の安倍川餅、宇津谷の十団子、小夜(さよ)の中山の「飴の餅」などが、[23]その代表的なものである。

ここで重要なのは、「その土地にまつわる名物」という点である。先に触れた姥が餅を例にして説明すれば、戦国時代の武将佐々木義賢(よしかた)が織田信長に滅ぼされた際、その曽孫の世話を託された乳母が、子供を連れて草津に身を潜め、やがて餅を作って旅人に売るようになったというエピソード[24]が由来となっている。姥が餅が草津宿や最寄りの東海道本線草津駅で売られているように、ゆかりの場所で売られているということが、名物として欠かすことのできない要素となっている。安倍川餅の誕生をめぐっても、徳川家康との関係が強調されている（くわしくは次章）。

全国で売られている饅頭や団子などの多くは、別段その土地特有の食材が使われているわけではない。それでも地域や場所の「名物」たりうるためには、由緒や由来といったその名

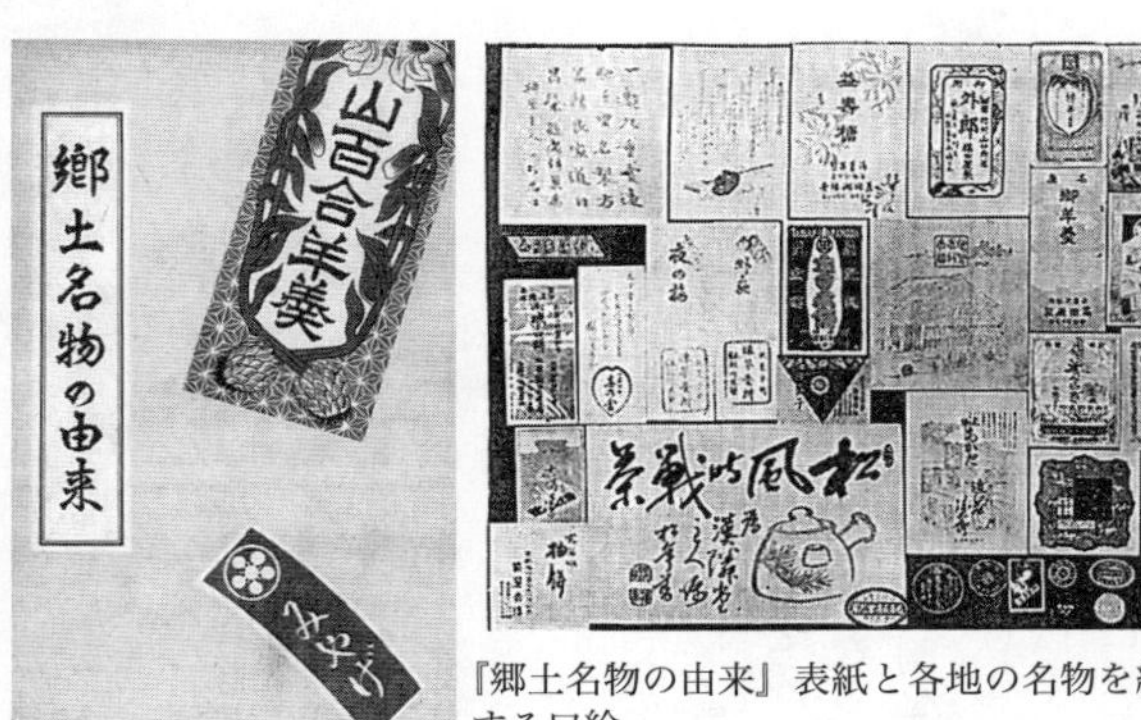

『郷土名物の由来』表紙と各地の名物を紹介する口絵

物の誕生にまつわる物語が重要なのである。

全国各地の名物には、実否の定かならぬもっともらしい伝説があり、その由緒に正当性を付与していた。昭和十（一九三五）年に野村白鳳によって著された『郷土名物の由来』という本では、昭和初期における「郷土の偉人」に因んで命名された名物の例を列挙している。

仙台の政岡豆（乳人政岡）／郡山の艮斎豆（安積艮斎）／酒田の芭蕉煎餅（松尾芭蕉）／松島の紅蓮煎餅（紅蓮尼）／佐原の忠敬煎餅（伊能忠敬）／木更津の与三郎巻（切られ与三郎）／東京赤坂の乃木煎餅（乃木希典）／越前金石の銭五煎餅（銭屋五兵衛）／津の平治煎餅（阿漕平治）／松阪の本居煎餅（本居宣長）／伊賀上野のかずま餅（渡辺数馬）／壺坂の沢市煎餅（座頭沢市）／大津の弁慶力餅（武蔵坊弁慶）／宇治の喜撰糖（喜撰法師）／天ノ橋立の浦島和布（浦島太郎）／大

阪の雁次郎飴（中村雁次郎〔鴈治郎〕）／赤穂の大石饅頭（大石良雄）／丸亀の坊太郎餅（田宮坊太郎）／善通寺の弘法饅頭（弘法大師）[25]

これらのうち、弁慶力餅や伊能忠敬に因む忠敬煎餅などは現在でも存在する名物だが、乃木希典に因む乃木煎餅や大阪の雁次郎飴など、すでに目にすることができなくなっている名物も数多い。また、現在では必ずしも有名ではなくなっている人物も散見する。つまり、歴史上の有名人に名物の由緒を求めていても、時代や状況によって参照される人物が変わっていくのである。

これまで述べてきたように「名物」は、その土地の由緒や来歴で意味づけられた物産一般を指すものであり、必ずしもおみやげと同一のものではない。だが、日本のおみやげは、その土地に行ってきたということの「おかげ」ないしは証明という性格が強く、両者は密接かつ不可分に結びついてきた。ならば、たとえこじつけに近い「由緒」であったとしても、「名物」がおみやげとしての役割を果たすのに、不足はないということができる。

この両者の関係は、近代に入り鉄道をはじめとする近代的な装置が登場することによって、さらに密接に結びついていく。したがって、本書では、「おみやげ」と「名物」について、とくに厳密な区分はせずに議論を進めることにする。

それでは、おみやげと日本の近代をめぐる旅に出かけてみよう。

第1章　鉄道と近代おみやげの登場

序章でも触れたように、近世のおみやげは、腐らず、かさばらないものが好まれていた。交通機関が整備されていない当時は、食べ物や重くてかさばるものをおみやげとするのは非現実的なことだったのだ。

こうした状況を革命的に変えたのが、鉄道の登場である。鉄道という装置が、社会経済だけでなく、生活形態や時間のあり方など文化にも強い影響を及ぼしたことは、すでにたびたび指摘されている[1]。そして、名物やおみやげにとっても、それらが旅と密接に関わっている以上、鉄道はきわめて直接的なインパクトとなった。

本章では、鉄道という近代的な交通機関の登場によって、近世以来の名物やおみやげのあり方がどのように変容し、近代に対応した形に再編されていったのかを明らかにしていきたい。

清河八郎のおみやげ配送

実は、近世でも、重くてかさばるおみやげを持ち帰る方法が皆無だったわけではない。幕末の志士として著名な清河八郎は、安政二（一八五五）年に自らの母親を伴なって西国への旅行をしており、伊勢や東海道、金毘羅や宮島など、近世の代表的な名所や旧跡を巡るなか、その詳細な行程を『西遊草』という旅行記にまとめている。この『西遊草』をひもとくと、彼は旅先で陶器類や人形など、「重くてかさばるおみやげ」を大量に購入し、それを直接地元まで別送したことがわかるのだ。[2]こうした費用はけっして法外な額ではなく、それなりには普及していたという。[3]現代ではおみやげを宅配便で送るということがよくあるが、その原型とみることもできる。

とはいえ、清河は出羽国清川村の裕福な郷士の出である。この旅行中では、四国から本州へ渡る折に船を一隻まるごとチャーターするなど、大名も顔負けの豪勢な振る舞いをたびたびしていた。かさばるおみやげの郷里への別送という行為も、現代のようには気軽に実行できたわけではないだろう。

鉄道の開通と名物の変容

この状況は、鉄道の開通により変化する。その最も大きな画期となったのが、明治二十二(一八八九)年の東海道線の全通であろう。同線の全通によって、東京と大阪・京都の間の所要時間が劇的に短縮された。これにより大きく変化したのは、生ものの輸送である。

東海道の汽車全通して朝たに大阪の酒を呑み夕に東京の肴(あし)を食ふ便利を得したため本年は大阪の名産なるハモを府下へ年首の進物に送る者多く内国通運会社にては続々到着する

ゆゑ右配達人は非常に忙しきよし[4]

この事例は、本書でとりあげているようなおみやげとは、同じ次元のものではない。また、当時の輸送体系では、同日中の荷物の託送は困難というのが実際であった。だが、それでも、東京と京都・大阪間の所要時間が劇的に短縮されたことが、食物の贈答にも革命的な変化の可能性をもたらしたことはまちがいないだろう。

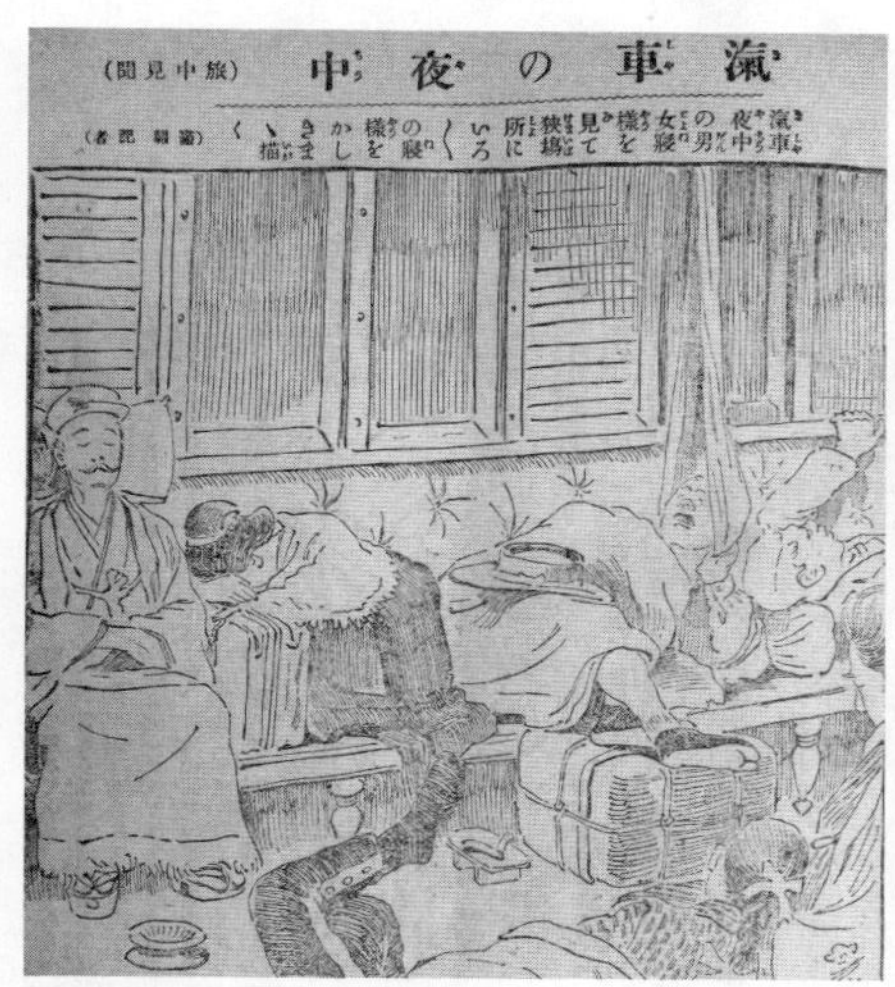

明治時代の列車車内（『旅』7号、1903年、立教大学図書館所蔵）。夜行のためか雑然としているが、座席の様子から2等以上の上級客車と思われる

鉄道の開通は、新たな名物が生み出される大きな契機ともなった。たとえば、明治三十年に京都二条・嵯峨間に京都鉄道が開業すると、沿線にある嵐山や嵯峨野など古くから知られた名所では、「花より団子」という団子や、「桜餅」が名物として売り出されるようになる。

花より団子は、隅田川の団子を模して創製されたものとされ

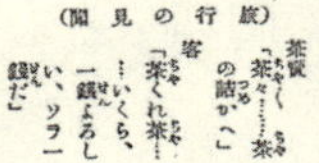

左：駅の立ち売り（前掲『旅』7号）。高度成長期以前は、土瓶入りのお茶を販売していた。また中身の詰め替えも行っていた
右上：品川駅での立ち売り（同『旅』7号）。短い停車時間内に買い物を済まそうとすると、この絵のように支払いの途中で発車してしまうこともあった
右下：Dan Free “Early Japanese Railways”（Tuttle Publishing）に見える、明治時代の東海道線におけるホーム上の立ち売り。列車の行き先が「はままつ」となっているので東海道線と推定できるが、駅名は不明。一番左の売り子は食料品、2番目はお茶の詰め替え、3番目は瓶入りの飲み物を売っている

る。鉄道開通後に来訪者が増えると、さまざまな業者が争ってこれを売り出し、嵐山の名物の一つとなっていったという。桜餅も、京都鉄道が開通した明治三十年ごろに、奥村又兵衛という人物が売り出したものとされている[5]。両者とも、鉄道の開通に対応して新たに作り出された名物であるが、形態としては、その場で食べることを前提とする、近世以来の伝統を色濃く残していた。

明治時代の京都駅。戦前の京都駅といえば、壮大なルネサンス様式の木造駅舎がよく知られているが、それは大正天皇即位の大礼に合わせて建設されたもの（前掲“Early Japanese Railways”）

明治三十六年に京都鉄道が発行した沿線のガイドブックでは、花より団子、桜餅は「召食る（めしあがる）」ものとして紹介されており、当初はその場で食べることを前提としていたようだ（おみやげとしては、桜のステッキや竹硯といった手工業品、もしくは天龍寺納豆や鮎の煎餅といった保存がききやすい食品が挙げられている[6]）。もちろん、おみやげとしての需要がまったくなかったわけではないようだが[7]、特に保存性や容器の改良がおこなわれた形跡は確認できない。

その場で食べることを前提とする名物は、販路が限られることもあり[8]、売り上げの拡大には限界がある。大きく発展するためには、販路の拡張、保存性や携帯性の改良などの課題をクリアしておみやげ化していく必要がある。また、嵐山のような歴史にまみれた土地の名物は、何らかの形で歴史の中に由緒づけられることが一般的である。だが、「花より団子」「桜餅」は、そうした要素を欠いており、物足りない印象は禁じえない。古くから桜の名所として知られる嵐山で「花より団子」というのは、なかなか味わい深いネーミングであるが、現在では廃絶してしまっているようだ。名物としていまひとつメジャーになれなかった背景には、ここで述べたような要因が作用していたことは否めないだろう。

安倍川餅と山葵漬

東海道は、京と江戸を結ぶ街道というだけでなく、伊勢参宮の人々も通る、近世交通の大幹線であった。そして、その沿道で数多くの名物が生み出されていったことは、よく知られている。

なかでも、安倍川餅は、近世から東海道の名物としてその名を知られる存在であった。当時はその名が示す如く、安倍川たもとの茶屋などで売られていたようである。その起源については次のような内容の伝承が語られている。

慶長年間、徳川家康が御用金山である井川笹山の巡検に赴いた時、ある男が餅を作って献上した。家康が餅の名を尋ねたところ、男は安倍川と金山の金粉に因んで「安倍川の金な粉餅」[9]と答えたので、家康はその奇智をほめ、その後安倍川餅と称されるようになったという。

名物として知られるようになった安倍川餅だが、明治以後東海道線の開通とともに「次第に衰微し石部屋外一軒の外営業するものなき」[10]状況に立ち至ったという。

静岡駅の駅弁業者である加藤弁当店の加藤かくは、こうした状況を憂えて、同駅構内で安倍川餅の立ち売りを始める[11]。そうして、「汽車が静岡駅に停まると「名物安倍川餅」の声を旅客は山葵（わさび）漬と共に聞くであらう」[12]といわれるほどの静岡駅の名物に成長していったのである。

注意しなければならないのは、ここで売られるようになった安倍川餅は、近世東海道名物であったそれの主たる売り場を変えただけのものではない、ということである。

近世以来、安倍川のたもとの茶屋で売られていた安倍川餅は、餅にきなこをまぶしたものであった。だが、静岡駅名物として売られるようになった安倍川餅は、実は、餅ではなく求肥（ぎゅうひ）である。

求肥とは、白玉粉や餅粉を水で溶き、砂糖や水飴を入れて練って作る和菓子の素材の一種である。柔らかい口当たりとともに、通常の餅に比べて保存性が高いのが大きな特徴である。実は、近世の名物餅が近代のおみやげとして転形（てんけい）を遂げていくのに、この求肥が大きな役割を果たしていた。

上：昭和初期の石部屋（『日本地理大系 第6巻 中部篇上』改造社、1930年、『日本地理大系』は昭和戦前期の日本各地の写真が豊富である）
下：2013年現在の石部屋。旧国道1号線の道幅は拡幅されているが、店や背後の安倍川橋のたたずまいは変わっていない（筆者撮影）

求肥を使った安倍川餅に対しては、本物とは「似ても似つかぬ、それは大偽物」であり「随分人を喰ったもの」という批判[13]が古くから存在する。しかし、茶屋などその場で食されることが前提であった名物が、駅で手軽に買えるおみやげとなっていくためには、こうした換骨奪胎も不可欠であった。

もうひとつ、静岡駅で売られる代表的なおみやげが、山葵漬であろう。山葵漬の起源についても、必ずしも詳らかではなく、いくつか説があるようだ。遅くとも幕末頃にはその原形はできていたとみられる。[14]しかし、基本的には「東海道鉄道開設前はさしたる事なかりし」[15]ものであったという。

明治三十年代には、すでに「開設以来東西往復の旅客に好箇の土産物として珍重せられ現に静岡停車場にても日々の売高夥敷当市一廉の特産と称せらるるに至れり」[16]とされているように、静岡駅の構内で販売されるようになったことが、山葵漬がおみやげとして大きく発展する端緒となった。

明治初期には田尻屋が主に製造販売していたようだが、鉄道開通以後、小泉楼や田丸屋などの商品が構内販売に進出したとされている。とりわけ田丸屋は、山葵漬の容器として鮓桶にヒントを得た樽型の容器を開発し、これが「普通の容器と異り一種の雅致があるので大に賞讃され、爾来各種の競進会・博覧会等に出品し大に宣伝に努めた」とされている。[17]現在、静岡駅などで、田丸屋の山葵漬が売られているのを目にすることが多いが、こうした積極的な商品の改良と販路の拡大が、次第に田丸屋が山葵漬の市場で主導権を握るようになっていったひとつの要因であろう。

明治期東海道線各駅の名物

こうして、次第に東海道線の各駅に新たな東海道名物が形成されるようになっていった。明治三十九年二月の『風俗画報』では、各駅の名物を次のように紹介している。

○大船　サンドイッチは、鎌倉ハムの名産を利用し、製造販売せり、味ひ塩辛く洋食通の口に適せず。

○国府津　烏賊（いか）の塩辛、小田原より取り寄せて同駅に於て販売す

○山北　鮎ずし、他駅になき名物にして珍らしく、車中に於て弁当の代用として、又土産用としても一寸受けの好き方なり。同蒸饅頭、田舎製にして都人士の口には適し難し。

○御殿場、名物蒸饅頭、山北駅と同じく粗製の品也。

○沼津　鯛デンプ　一個十五銭の品として価値あり、普通弁当に振り掛けて用ふれば頗る味美し。

○静岡　山葵漬、名物として大に声価を博し、値段の安き割合には体裁よく土産物には殊に好し。

○堝（堀）の内　佐（小）夜の中山飴の餅は体裁もよく味ひ中々なり、所柄との小供への土産品には殊に妙ならむ。

○浜松　浜納豆、名物の一なるも、好き嫌ひありて各方面に適せざる土産ならんか。

○豊橋　玉霰（たまあられ）、少さき角砂糖様の菓子なるが、頗る好き土産品なり、又密（蜜）柑も此地の名物となす。

○岡崎　八丁味噌が第一の名産にて、台所用として土産物なり又如月と称する菓子も名物にて、武力（ぶりき）の缶入にて廿銭余、一寸体裁も好し。

右上：現在も静岡市内で営業している田尻屋が販売する「元祖わさび漬」
左上：大正初期の田丸屋本店。店先の巨大なわさびの立体看板が目を引く（中村羊一郎監修『目で見る静岡市の100年』郷土出版社、2003年）
下：田丸屋「山葵漬」の広告（鉄道弘済会会長室五十年史編纂事務局編『五十年史』鉄道弘済会、1983年）

○名古屋　有名なる宮重大根（みやしげだいこん）を始め、漬物類多々あるも、是ぞと云ふ名物と称する程のものなし。
○屹阜（岐）　第一が先づ鮎の塩辛ならんか、直段（値）比較的高価なるも酒客の贈り物に適当、就中鮎の粕漬は高尚なる土産物なり。
○大垣　柿養甘（かきようかん）は甘味なる珍品なり、白柿は柿の名所だけに結構の品たり、養老酒は名物として古きものなり、世に名高し。
○米原　名物姥が餅、味美なるも少量の感あり、下戸連には好かるる品なり、赤蕪（あかかぶ）の漬物は土産としては好適品、栗羊羹及び水鮎等も名物なり。
○馬場　琵琶湖名産の鮒（ふな）ずし、人によりて好き嫌ひあり、一般の土産物として如何にや、又走り餅も名高き餅なり。
○京都　蕪（かぶら）の千枚漬、是は此地第一の名産にて味好く、土産物には第一等の品とす。
○大阪　雀すしと称せる小鯛のすしは味殊に如（好）く、新町橋及筋違橋の両本家を凌ぎ味を持てり、難波饅頭は味好く、売行好く下戸連に歓迎せられつつあり、岩おこしも同地有名の土産物なり
○神戸　玉簾（ぎょくれん）と称する製茶入の茶用菓子は頗る好き品にして価も安く、風流人等への土産に適す、瓦煎餅は名物の一にして、土産には好き品となす[18]。

この中には、大船のサンドイッチや山北の鮎ずし、大阪の雀すしなど、恐らく車内で食べ

るための駅弁にあたるものもあるが、多くは基本的におみやげとして売られていたものであった。このように、明治三十年代後半には、東海道線の各駅で売られる名物が確立していった。

これらは、各業者が鉄道当局から構内営業の許可を得て販売していたものであった。大正期になると、東海道線の各駅だけで全国の鉄道駅の構内営業売上高の約二六パーセントを占めるようになるなど[19]、同線は鉄道の駅で売られる名物の中心的な存在であった。

交通の変遷と名物の盛衰

一方、近世の東海道では著名な名物とされていたものでも、このような旅や交通体系の変化に順応できなかったものは、急速に衰退していった。

金谷宿と日坂宿の間にある峠、小夜の中山では、飴の餅とよばれる二枚の焼餅に水飴を挟んだものが名物としてその名を知られ、休憩時に茶屋で食べられていた。とりわけ近世中期以降は、盛んに販売されていたという[20]。ところが、明治になり鉄道が開通し、小夜の中山が東海道交通のメインルートから外れると、「東海道汽車交通の為め、大に衰微するに至[21]」ったという。先の記事では、東海道線開通以後も堀の内駅（現在の菊川駅）で売られているということになっているが、現在ではその名を知る人はほとんどいなくなっている。

あるいは、山北の鮎ずしのように、東海道線の開通とともにその沿線屈指の名物として成長したにもかかわらず、のちに路線の変化によって衰微した例もある。これは、昭和に入っ

近世には「飴の餅」が名物として知られていた東海道の「小夜の中山」。明治以降鉄道のコースから外れ、現在ではひっそりとしている（筆者撮影）

て丹那トンネルが開通したために、東海道線のルートが熱海経由に変わって山北を通らなくなってしまったためである。同様の歴史を辿った名物は少なくない。

変化に対応して発展した例もある。四日市から南に約二キロメートル、かつて東海道の宿場として栄えた日永（ひなが）という集落がある。ここでは、東海道を行く旅人たち、とりわけ伊勢参宮の客を当て込んで、永餅という名物の餅が売られていた。[22] それが、時代を下ると、「関西線の発展と共に日永村は交通不便な場所になつて永餅の売行きに異状を来したので明治の末期に至つてこれを四日市の名物にして売出し[23]」たという。こうして、永餅は、日永ではなく四日市の名物として、その名を知られるようになった。駅でおみやげとして販売するため、原料や製法に改良を加えたともいう。[24]

また、街道筋の富田では、焼き蛤が名物として知られていたが、鉄道の開通とともに廃れた。他方で、缶詰化により持ち帰りしやすく保存性を改良した時雨蛤が、桑名の代表的なおみやげとなっている。[25]

構内営業と「駅ナカ」

このように、鉄道の開通などの交通体系の変化に対応することは、名物として地位を維持発展させていく上では、不可欠のことであった。そのもっとも効果的な方法が鉄道駅構内販売への進出であった。

たとえば、松阪駅では、

参宮鉄道株式会社であつた頃から、参宮線の松阪駅では売子が名物「老の伴」を汽車の発着毎に呼び売りしていた。[26]

また、関西線の関駅でも、

途中関町に至れば名物の菓子関の戸関の戸と呼びて車の外を売り歩く。[27]

さらに、東海道線の草津駅では、

今は草津駅は東海道と草津線の分岐点で姥ケ餅は駅にまで進出して折に入れて呼売している。[28]

東海道線以外でも、たとえば東北線の郡山駅では、

現在東北本線郡山駅で、この名物薄皮饅頭を売っているのを、旅した人は記憶に存することだらう。（略）明治二十年鉄道の便開くと共に郡山の代表名菓として認められ、郡山名物として駅売をなし名声茲に高まり今尚継続す[29]

と、名物が駅構内で販売されていたことが印象的に記録されている。

全体の売上高に占める割合自体は、必ずしも高いものではなかったかもしれない。しかし、多くの旅行者の目に触れる駅のプラットホームで商品名を連呼すること自体が、名物としての知名度向上に絶大な効果があったことは、想像に難くない。

近年でこそ、「駅ナカ」などといわれるように、駅の構内にさまざまな商業施設が展開している。料亭や有名寿司店、ニューヨーク風のデリなどが出店し、多様な弁当類が購入できることも珍しくなくなってきている。

だが、かつては、国鉄や鉄道会社から許可を受けた特定の業種の特定の業者だけが、駅の構内で営業する権利を持っていることが一般的であった。その駅での営業権を持つ弁当業者の駅弁マークがついたものだけが、「駅弁」として、駅構内で独占的に販売されていたのである。いったん営業権を取得すると、広告などの経費もほとんど必要とせずに、十分な業績

が上げられた。また、重大な過誤、失態のない限り、その営業権は喪失しないため、特権性と独占性が存在していたのである。[30]

もちろん、「駅ナカ」に出店している業者も、鉄道会社の許可を受けて出店しているのだろう。だが、あくまでも一般のテナントという扱いであり、こうした特権的な位置づけがなされているわけではない。駅構内での営業に対しては、公共性が強いとして、長らく固定資産税の評価額が低く抑えられてきた。だが、「駅ナカ」は通常の商業施設であるとされ、一般の商業施設並みに課税が強化されている。[31] 鉄道駅構内営業者が持っていた特権性と独占性は、近年大きく変化してきているのだ。

鉄道弘済会の設立

鉄道の停車場内での構内営業は、その初期には、鉄道当局や鉄道会社が、建設などに際して尽力した地元の有力者などに、個別に営業の許可を与えていたようだ。その後、次第にこれを統制する規則や規程などが整備されていったが、基本的には、各地方の鉄道当局が個別に許可を与えるという時期が長く続いた。[32]

静岡駅では、鉄道の建設に尽力したとされる加藤滝蔵[33]に、明治二十二年十二月、立売営業の許可が与えられた。当初は弁当販売にとどまるものであったが、二十三年には安倍川餅、さらに二十四年には山葵漬の販売も手がけるようになったという。[34] この加藤弁当店は、その後の紆余曲折を経て大正三（一九一四）年に東海軒と改称し、現在でも静岡駅の駅弁業者として営業している。

明治三十年代の関西鉄道では、亀山、津、柘植、加茂、奈良、天王寺などの主要駅構内で駅弁を販売するほか、亀山、湊町両駅構内で「ビーヤホール」を営業していたように、構内営業をすでに盛んに行っていた。さらには、駅構内だけでなく、「列車付行商人」、つまり車内販売業者が列車に乗り込み、「弁当、寿司、サンドウイッチ、パン、菓子、烟草、酒類」などを販売していたのである[35]。車内販売は、名古屋駅前で旅館を営んでいた支那忠などが担当していた[36]。車内で食物や飲料を購入することができるので、駅に停車中に窓から顔を出して「茶だの煙草だのと、どなる必要はない」などと、乗客に重宝されていたようだ[37]。

駅構内営業人は、鉄道当局に営業料を納入する代わりに、駅構内での独占権を認められていたので[38]、静岡駅の構内では山葵漬や安倍川餅といったおみやげも、基本的にこの業者による販売が行われていた。つまり、必ずしも菓子（名物）製造業者＝構内営業者ではないことに留意する必要があろう。

昭和七（一九三二）年には、公傷退職者、殉職者遺族の救済を目的として、鉄道弘済会が設立された。これによって、弁当を除いた雑貨、菓子類の販売権が同会に移行され[39]、以後のおみやげ類の構内での販売は、次第に鉄道弘済会へと集約されていった。静岡駅でも、昭和七年十月から、鉄道弘済会静岡分所が山葵漬などの構内販売を手がけるようになっている[40]。

この時に弁当が従来の業者に残されたのは、製造設備や経験、その他の物品の販売と異なるノウハウなどが必要となったためであるとされている[41]。近年では業者の廃業が相次いでいるとはいえ、駅弁は、現在でもその駅独自の業者が特色あるものを販売していることが少なくない。鉄道弘済会という全国統一組織が登場する以前は、それ以外の商品も、地方色がより豊富だったものと思われる。

ガイドブックとおみやげ

おみやげの知名度を高めていく装置として見逃すことのできないのが、ガイドブックである。本書の冒頭でも触れたように、現在日本で売られているガイドブックには、おみやげや買い物情報が満載されている。

近世でも、道中記や名所図会などと称するガイドブック的なものの出版が非常に盛んであった。だが、それらの中では、神社仏閣をはじめとする各地の名所が数多く紹介されていたが、おみやげについての記述は非常に少ない。鉄道などの交通手段が発達する以前は、遠く離れた故郷までおみやげを持ち帰ることには大きな困難をともなったことを考え合わせると、江戸時代のガイドブックにそうした記述が少ないことには、一応の説明がつく。

近代に入ってからはどうなのだろうか。明治中期以降、鉄道網が全国的に展開していくようになると、各鉄道会社は自社の沿線の観光地などを案内するガイドブックを、数多く出版するようになった。鉄道国有化以降は、鉄道院が『遊覧地案内』などの全国的なガイドブックを手がけるようになる。昭和に入ると、その集大成として、全国各地域を全八巻で紹介する、鉄道省編『日本案内記』が刊行されるに至っている[42]。しかし、その内容は、各地の名所や旧跡を解説することに主眼が置かれており、おみやげなどの買い物情報などはほとんどないといっても過言ではない。

その傾向は、時代が下るにつれてかえって著しくなり、『日本案内記』に至っては、まるで地理か歴史の教科書かと見紛うばかりである。内容の正確性を確保するため、歴史学の黒板勝美や地理学の山崎直方など著名な学者に助言指導を仰いだこともあり、学問的な水準を保った内容にはなっている。[43]「意識の高い」旅行者にとっては、得難く有用なガイドブックであろう。だが、気軽な旅を楽しみたい旅行者にとっては、内容がストイックすぎたかもしれない。おみやげの情報などほぼ皆無であり、現在日本で流布しているガイドブックの扱っている内容とは、相当な懸隔がある。実証的な研究は今後の課題とせざるをえないが、かつては日本のガイドブックでもおみやげの買い物情報が満載されていたわけではなかったということだけは確認しておきたい。

黍団子と吉備団子

東海道線に連絡し、さらに西に延びていった山陽線沿線でも、おみやげが多く作り出された。その代表的なもののひとつに、岡山の吉備（きび）団子を挙げることができる。現在でも、吉備団子は一般を対象としたアンケート調査で圧倒的な知名度を示しており、同県を代表するおみやげといえる。[44]

また、吉備団子といえば、桃太郎の伝説が思い出されるだろう。鬼退治へと向かう桃太郎が雉(きじ)や猿に「黍団子(きびだんご)」を与えて家来にした、という昔話はよく知られている。だが、桃太郎伝説に登場する「黍団子」と岡山の「吉備団子」は、実は音が同じというだけで、意外なことに両者に直接の関係性はない。現在売られている吉備団子の中には黍を入れているものもあるが、吉備団子にとって、黍は不可欠のものではないのだ。

いまに続く吉備団子の出現はそう古いものではなく、せいぜい幕末までしかさかのぼることができないようだ。その創始についてはいくつか説があるようだが、有力なのは次のようなものである。

安政二（一八五五）年、備前国岡山の武田伴侶、高砂町信楽屋、笹々野良栄という三人の人物が相談し、茶菓子として「赤色の搔餅やうなる四角形の菓子」をつくり、「吉備だん粉」と名づけたのがその後の吉備団子の原型となった。だが、この時点ではあくまで「道楽半分のなぐさみ」であり、商品として販売するものではなかった。その後、武田伴侶の親戚である武田浅二郎が形状を丸形にするなどこれを改良し、明治元年に商品化したという[45]。ところが、これはすぐ固くなってしまうもので、保存性に難があった。そこで山陽鉄道開通後、岡山駅構内で販売される際に求肥が用いられるようになったという[46]。これは前述のとおり安倍川餅と同様の工夫である。

さて、この吉備団子が全国的知名度を得るようになったきっかけは何であったか。それは山陽鉄道が、日清戦争のための輸送を担ったことが大きく関係している。

日清戦争と鉄道輸送

日清戦争は、周知のとおり、日本が迎えた初めての本格的な対外戦争である。当然ながら、全国から数多くの将兵が動員され、戦地へと送られていった。このとき、内地から戦地へ向かう兵士たちは、全国各地から輸送船に乗せられたわけではない。多くは、大本営の置かれた広島へいったん集められ、宇品(うじな)港から出征していったのである。

神戸から西へと建設されていた山陽鉄道は、日清戦争開戦直前の明治二十七年六月には、広島まで開通している。官設東海道線と接続することで、広く東日本からも鉄道で広島へ兵員を輸送することが可能となっていた。山陽鉄道では、広島からさらに出港地となる宇品まで支線を突貫工事で建設し、この路線が軍事輸送を担っていく。

この結果、本州最北端の青森から東京・大阪を経て広島に至る縦貫線が完成したことになる。つまり、金沢と新発田を除く本州の全ての衛戍(えいじゅ)地（軍隊が常時駐屯している場所）から広島まで、鉄道で兵員を輸送することが可能となっていたのである。(47)

日清戦争が始まると、多い時で一日当たり十本の軍用列車によって将兵や物資が輸送された。戦争の全期間を通じて、鉄道で輸送された人員は三十九万人にのぼっている。(48)これは出征や復員など全ての輸送を合わせた延べ人数であり、実数はその半分程度であっただろう。それでもなお、徒歩をはじめとする他の移動手段も多く使われたことに鑑(かんが)みれば、日本人がそれまで経験したことのない規模の移動が、一挙に国内で行われたといえる。歴史学者の原田敬一は、戦争にあたり動員された全兵力は、軍人と軍夫を合わせて三十九万五千人にのぼったと推定している。[49]

販売戦略により定着したイメージ

日清戦争という初の対外戦争は、「国民」形成の契機であった。そして、戦争とそのための動員に伴って生じた人々の移動が「おみやげ」を生み出した。それこそが、岡山の吉備団子なのである。戦地から帰還してきた将兵が、郷里へのおみやげとして買い求めたことが、全国的な知名度を獲得する大きな契機となった。[50]

戦地へと赴く兵士たちが出征する際には、郷土の親戚、知人、友人たちは餞別を贈ることが一般的であった。そして運よく無事に凱旋した場合には、それらの人々におみやげを配ることとなったのである。

広栄堂の主人である武田は、岡山で帰還将兵を待つだけでなく、自ら広島へ赴いて桃太郎の扮装で彼らを出迎えて吉備団子購入の予約を取るなど、積極的な拡販策を展開した。武田は、帰還してきた兵士たちを桃太郎になぞらえ、吉備団子を宣伝したという。[51] 対外戦争に鬼退治というイメージを重ねていたのである。[52]

吉備団子は、兵士たちの多くが通過する岡山駅という地の利と、鬼を征伐した桃太郎というイメージ戦略とが複合することで、急成長した名物であった。こうして、明治三十年代には吉備団子の製造業者は十軒以上となり、[53] 明治四十年代には駅構内だけで一日平均六百個を販売するようになった。[54] そして、次第に、「山陽線中では一番よく売れる名物[55]」としての地

広栄堂の店舗（『観光の岡山』岡山宣伝社、1935年）

位を築いていったのである。その過程で、桃太郎の黍団子のイメージとリンクされるようになり、伝統的な名物のイメージが確立していったものであろう。

なお、桃太郎といえば岡山というイメージが現在では一般的となっているが、岡山が桃太郎伝説の地であるという説の登場は意外に遅く、昭和以降のことであった。戦時体制期には戦意高揚、戦後には岡山での国体開催のシンボルとして、そのイメージは利用されていった[56]。

ともかくも、桃太郎伝説と結びつけられた吉備団子が、明治時代に岡山の名物となっていたことが、岡山が桃太郎伝説の地であるというイメージが広く受け入れられていく上で、大きな役割を果たしたことはまちがいないだろう。昭和初期には、「桃太郎を岡山県人として鬼ケ島を瀬戸内海の一島に充てて伝説を生かしてみたら、なほ一層吉備団子に宣伝効果の実が挙がる[57]」などという言説が、すでにみられるようになっている。

求肥はハイカラ

先にも触れたように、幕末に開発されたころの吉備団子は、すぐ固くなり保存には向かなかったが、駅で本格的におみやげとして販売されるころには、求肥が使用されるようになっていた。[58]大正末期にこの吉備団子を紹介した文章で、「内容はハイカラな求肥餅[59]」と書かれているように、このことは広く知られていた事実であった。また、「四時能く貯蔵に堪ゆる[60]」ことが特色と指摘されていたように、保存性の向上がメジャーなおみやげたりうる大きな要素であったことがわかる。

その後、周辺の諸都市や東京などの他地域で、吉備団子は販売されるようになった。だが、「畢竟岡山名産といふ名目なれば、他地方にては売行あしく、やはり岡山名産は岡山で求めねば、風味に変化を生じ、土産にもならぬ感ありて、他府県にては頗る不景気[61]」であったことが伝えられている。つまり、吉備団子はあくまで岡山の名物として地位を確立しており、その土地から離れては存在できないおみやげなのであった。

羽田穴守稲荷、門前町とおみやげの盛衰

東海道線や山陽鉄道といった幹線鉄道だけが、名物やおみやげのあり方を変容させてきたわけではない。

江戸や大坂などの近世の大都市の周辺には、気軽に市民が訪れることのできる神社仏閣などの名所が数多くあった。市街地から離れた風光明媚な地域に立地したそれら大都市郊外の行楽空間においても、名物が生み出されることは少なくなかった。そして、明治末期以降に急速に都市化が進展する中で、京浜電鉄や京阪電鉄のような、いわゆる郊外私鉄が路線網を展開するようになると、郊外の名所や名物も大きく変貌を遂げていくことになった。

東京都大田区にある羽田穴守稲荷神社は、長らく羽田空港の旧ターミナル前の駐車場に鳥居だけが残された状態であったことで知られている。これは、鳥居を移すと不幸が起こるという言い伝えがあるからであった。このように、強い験力（げんりき）を持つとされる穴守稲荷だが、決して古くからの由緒を有するわけではない。元来、この地域は多摩川の河口に位置する浅瀬であったが、近世末期以降新田開発が進められた際、稲荷を祀った祠が勧請されるようになったことが、その始まりである。せいぜい幕末までしか遡ることができない、歴史の浅い神社なのである。

明治三十年代以降、穴守稲荷神社ははやり神になるとともに、京浜電鉄の開通などによって、東京近郊の代表的な参詣行楽地となっていった。そこには、神社のみならず門前町も形成されていった(62)。明治四十年代に著された京浜沿線のガイドブックでは、その情景が次のように描写されている。

> 鳥居の隧道（トンネル）を中に夾（はさ）んで掛茶屋は軒を列（なら）べぬ、名物は貝料理、張子の達磨、河豚（ふぐ）提灯、土製の白狐と供餅とは神の供献の料と知らる(63)。

門前町といえば伝統的な都市のイメージが湧くが、このわずか二十年前には、穴守稲荷周辺はほとんど何もないさびしい場所であった。それが、このころには、京浜電鉄の駅から四百五十メートルほどの間に茶屋や土産物屋が立ち並ぶ、立派な門前町が形成されていたのである。

そこでは、貝を使った名物料理に加えて、張子の達磨や提灯、宝玉煎餅などといったおみやげが売られるようになっていた。(64) 貝料理には海辺ということが大きく影響しているのだろうが、その他のものは、伏見をはじめとする全国の稲荷神社の門前で売られているものと同じである。イメージを移植することで新たな由緒の創造が図られているのだ。

こうしてにわかに誕生した穴守稲荷の名物だが、その後、行楽地としての羽田の衰退、空港の開設、進駐軍による強制移転などを経て、これらのおみやげは門前町と共に消えてゆく。都市構造の変容や交通機関の発達によって、その歴史は変転してきたのだ。

京阪電鉄と香里園

関西に目を移しても、同様のことがみてとれる。

京都南郊に位置し、羊羹発祥の街とされる伏見や淀川南岸には、大規模な宿場、古くから知られた神社仏閣が点在している。こうした古くからの歴史や名物に恵まれた地域に、明治四十三年、大阪と京都を結ぶ京阪電気鉄道が開通した。京阪電鉄の開通により、淀川南岸地域は、大阪の都市化の影響を受けながら大きく変容していく。そのなかでは、従来の名物とは異なった新たな名物も生まれた。

京阪では、沿線に遊園地である香里園を新たに開発したが、ここには大阪市内や枚方の和菓子屋が進出し、茶店で団子を売るとともに、香里園やそこで開催されるイベントである菊人形にちなんだ「菊煎餅」「遊園だんご」「菊だんご」といった名物が、新たに開発されて売り出されていた。また、近世以来の枚方名物であった「くらわんか餅」も、園内で販売されるようになっていた。

男山八幡宮（石清水八幡宮）のある八幡でも、鳩煎餅など従来から同地に存在した名物に加えて、滋賀県大津の名物であった走り井餅や京都の八ツ橋などが販売されるようになっている[65]。これらの事例も、交通の利便性が向上することによって、名物の転移と変容がみられるようになった好例である。

八ツ橋、メジャーになるまでの遠い道

ここまで、鉄道という近代の装置が、近世以来の名物に及ぼしたインパクトについてみてきた。だが、鉄道は、日本だけでなく世界中で同時代的に普及していった装置である。よって、世界でも独特の特質をもつ日本の名物が発展してきたのには、鉄道とは別の要因も働いているはずである。いったいそれはなにか？　その答えは、前近代からの由緒や来歴の変容であると考えられる。

ここからは、鉄道のインパクトと、由緒の変容や形成とが、どのように絡み合ってきたのかをみていきたい。

由来や由緒といったとき、そこにもっともらしさを与えるのが、「元祖」はどこかという

こと、さらにいえば本家争いである。こうした本家争いが、名物としての知名度向上をもたらすことも往々にしてある。その例として、京都の八ツ橋をあげることができるだろう。

現在、八ツ橋は京都の代表的なおみやげのひとつとして、全国的に名を知られている。八ツ橋の起源は、「聖護院の門跡に諸国の山伏入り込みし時代より夫等(それら)の人々伝へ[66]」てきたとも、元禄二（一六八九）年に三河国八ツ橋寺の僧に秘法を授けられた[67]ことに始まるともいわれ、その由来については諸説ある。いずれにせよ、近世から存在したこと自体はまちがいない。しかし、明治二十八年に『風俗画報』が紹介した京都名物のなかに、八ツ橋は入っていない。よって、必ずしもそれほど古くからメジャーなものとなっていたわけではないようだ[68]。

もともとの八ツ橋は、「時日を径(経)るか或は雨天の時などは其特点を失ふが常」という、おみやげにするには大きな欠点を持っていた。それを、山田直次という人物が改良したのである。その結果、明治三十年代前半には職人十五人が毎日二千枚以上製造しても需要に追いつかないほどの人気になっていたという[69]。

保存性が改良され日持ちがよくなったことで、日清・日露両戦争では、慰問品として盛んに戦地に送られたとされている[70]。吉備団子と同様、全国から出征してきた将兵たちの手に渡ったことが、八ツ橋を京都名物の代表的なおみやげにしていった大きな要因のひとつであった。

すでに大正の末には、京都市内にかなりの数の八ツ橋製造業者が存在するようになった[71]。

	生産額（円）
聖護院八ッ橋	700,000
蕎麦ぼうる	28,500
五色豆	100,000
唐板	10,000
今宮アブリ餅	3,000
蕨餅（東寺）	2,000
桜餅	7,500
花より団子	8,000

大正15年の主要京都名物菓子生産額（「京の華」より作成）

年間の生産額は七十万円に達し、その他の京都名物の菓子類を大きく引き離し[72]（表）、京都市内の菓子製造出荷額全体からみても、約一割を占めるまでに成長していたという[73]。その中でも、西尾為治の経営していた玄鶴堂は、その祖先が僧侶から直接製法を伝授されたという伝承もあって、八ツ橋の生産総額の約半分に達する売り上げがあった[74]。

しかし、それでもなお、八ツ橋は全国的なおみやげではなかった。大正末期になっても、「これは打物の一種で、東京浅草名物の紅梅焼を小形にしたものと思へば、大体誤りはなからう」[75]と、誤った紹介をする文章も見受けられる。テレビやインターネットなど、さまざまな媒体が存在する今日とは異なり、この時期にはまだ実物を見たことのない人々が少なくなかったのである。

本家争いのもたらしたもの

次に掲げるのは、聖護院八ッ橋総本店のホームページ上に記載された同社の歩みの一部である。内国勧業博覧会への出品、京都駅での構内営業への進出などというトピックがみられるが、これは、他の多くのおみやげが発展してゆくパターンと共通している。

明治二三年[八]　第四回内国勧業博覧会（岡崎にて開催）に出品。
明治三三年　吉田神社節分会に際し大元宮前にて出張販売をはじめる。以来今日まで続く。
明治三八年　七条駅（現在の京都駅）で立ち売り。京都土産品の初めとなる。
明治四五年　商標として「聖護院八ッ橋」が登録される。
大正四年　大正天皇御大典の時、殊のほか売れゆき良く、菓子業界の名門として知られる。
大正一五年　五月一〇日個人企業から株式会社聖護院八ッ橋総本店を設立。屋号、商標権、什器備品等一切を引き継ぐ[76]。

売上高からみると、駅での立ち売りは主流とはならなかった[77]。だが、東海道・山陽や北陸など主要な各方面への列車が数多く通る京都駅は、八ツ橋を京都の名物として全国にアピールするには、絶好の装置であったともいえよう。

玄鶴堂は大正十五年に株式会社化し、聖護院八ッ橋総本店が設立された。だが、その後、西尾は同社の経営から手を引いている。戦後、西尾の家族らは独自に八ツ橋の製造を再び始め、「本家」を名乗るようになった。これに対して聖護院八ッ橋総本店が異を唱えるなど、由緒をめぐって、さまざまな紛争が巻き起こった[78]。

この経緯について、本書ではいずれの主張が正当であるかについては立ち入らない。だ

本家西尾八ッ橋

聖護院八ッ橋総本店

が、先にもみたように、「名物」というものがその由来や由緒に深く関わるものであるとすると、このような由緒をめぐる紛争や競争自体が、名物としての八ツ橋の知名度向上をもたらしたといえる。

ちなみに、ここまで扱ってきた「八ツ橋」とは、生地を焼いた堅いものだが、昭和四十年代に入ると、生地を焼かない生のままの「生八ツ橋」が売り上げを伸ばしていくようになった[79]。これには、新幹線の開業などにより交通機関がさらに整備され、以前より生ものを持ち帰りやすくなったことが影響しているのはまちがいない。

昭和四十一年には、株式会社「さか井屋」が、粒餡を生八ツ橋の皮で包んだ「おたべ」を発売している。同社は昭和二十一年創業であり、八ツ橋製造業者としては後発に属するが、「おたべ」のヒットにより有力業者の一つに成長し、社名も商品名に合わせて株式会社「おたべ」に変更している[80]。

近年、八ツ橋は統計上売り上げの首位を漬物に譲り渡している。だが、これは、昭和四十年代以降に生産が増加してきた生八ツ橋と項目を分離するようになったからで、両者を合わせると、現在でもその地位は揺らいでいない。[81]

五色豆と政岡豆

長年にわたり、八ツ橋と並んで代表的な京都みやげとされてきた名物のひとつに、「五色豆」がある。豌豆（えんどう）を炒り、青、赤、黄、白、黒の五色の砂糖の衣をかけたものである。きわめて古い歴史を持つ京名物の品々の中では、五色豆は比較的歴史が浅く、明治初期に今出川にいた清水三郎兵衛という人物が創始したものとされている。[82] 五色としたのは、「天地の五行」や友禅流しの色合いに因むことで、[83] 京都という土地の由緒に関連づけたのである。清水が経営していた船橋のほか、藤井長次郎や角田政次郎など数多くの業者が、五色豆の製造販売を手がけるようになった。[84]

五色豆が、京名物のおみやげとしてメジャーな地位を築いていったのは、軽くて日持ちするということに加えて、比較的廉価で気軽に購入できたということも大きいだろう。[85] そうした強みに加えて、博覧会や共進会への積極的な出品や、鉄道構内販売への進出、[86] さらには陸軍への納入など、名物が発展してゆく定跡を踏んでいった。

豆を使った名物といえば、仙台に「政岡豆」というものがある。現在は廃絶しているが、長らく名物として知られていた。深川佐蔵という人物が明治四十一年に創製したこの菓子は、大豆に砂糖をかけたもので、白、緑、こげ茶の三色を使うことで色彩感を与えたほか、包装容器にも独特の工夫を凝らすことで、大豆という原料の平凡さを補おうとしたものである。

「政岡」とは、近世前期に仙台藩で勃発したお家騒動である伊達騒動を脚色した歌舞伎「伽羅先代萩」の登場人物、政岡に由来する。右に述べた包装容器の「独特の工夫」とは、この「先代萩」の「政岡まま炊き」の場面を美術印刷したものである。歴史上の故事にひきつけた「由緒」を消費者に印象づけるものであった[87]。

それまで、仙台にはおみやげとなる名物菓子が乏しかった。そうしたこともあり、政岡豆は、戦前における仙台の代表的なおみやげの一つとして成長していった[88]。平凡な材料による特徴に乏しい菓子であっても、有力な対抗馬が少なかったうえ、由緒を歴史的事件と結びつけるような印象操作をすることで、名物の一つに成長していったのである。

なお、旭川には「旭豆」という名物が存在する。これは富山から移住し売薬業を営んできた片山久平が、明治三十五年に大豆に砂糖をまぶした菓子として発売したものだが[89]、同地に司令部を置く陸軍第七師団の軍人の、故郷へのおみやげとして発展したものである[90]。

古くて新しい鎌倉

本章の最後に、近世からの由緒だけでなく、近代に入って作られた「来歴」が新たな名物の形成に与（あずか）った例を紹介しておきたい。

鎌倉の豊島屋といえば、現在「鳩サブレー」でその名を知られており、久保田久次郎という人物が明治二十七年に創業したとされている。いわゆる老舗和菓子屋にしては、それほど古い歴史を持つわけではない。

鎌倉は古くから連綿と続く古都というイメージが強いが、実は、近世にはかなり衰退が激しかったこともあって、めぼしい名物菓子は長らく存在していなかった[91]。

しかし、横須賀線が開業すると、その状況は大きく変化する。横須賀線は、横須賀軍港や観音崎の砲台への輸送という軍事目的から建設が急がれた路線であった。だが、三浦半島の中心部を経由する横須賀線の開通は、逗子や鎌倉などの地域に、当初想定されていなかった影響をもたらすことになった。特に、鎌倉は別荘地、観光都市として大きく変貌を遂げていくようになったのである。豊島屋はこうした状況の中で創業したのであった。

しかし、明治時代の豊島屋は、鳩サブレーではなく、「古代瓦煎餅」というせんべいを代表的な商品としていた。近世のうちから、神奈川の亀の甲煎餅などが名物として知られていたが、明治以降は、神戸や高松の瓦煎餅[92]をはじめ全国各地でせんべいが名物となっていった[93]。さらに、明治三十年ごろに発売された和歌山の和歌浦煎餅のように、缶入りとなることによって保存性が向上すると[94]、せんべいはさらに各地で名物とされるようになる。ちなみに、和歌浦煎餅は、古くから名所として知られていた和歌浦の風景を焼印にすることで、名所としての由緒との関連性を持たせていた。

豊島屋の古代瓦煎餅も、「源家盛んの当時より、明治の今も鎌倉に、其名残をば留（とど）めつる、神社仏閣旧跡の世に珍らしき家根瓦、宝物まで取揃へ、之を其儘型となし、云はば美術の神

古代瓦煎餅（『下戸みやげ名物銘札集』大鹿印刷所、2001年）

髄を、穿つ巧みの出来栄は、坐ながら智識開発の、御参考ともなりぬべし[95]」として、歴史との関連を強調している。「頼朝屋敷瓦（二種）、北条館瓦、足利屋敷瓦、政子館瓦、大江広元館瓦、親王家瓦、鶴ケ岡八幡瓦、畠山館瓦、梶原館瓦[96]」といったように、鎌倉幕府に関係する主要な建物の瓦をかたどったというせんべいであった。

鎌倉時代初期のこうした建物に瓦屋根が葺かれていたのか、とか、当時の鎌倉の発掘調査が個々の館を特定できるほど進んでいたのか、といった疑問はさておき、古都である鎌倉の歴史性に由緒を求めていた菓子ということができる。ただし、それを神社仏閣の縁起とか御利益といった前近代からよく使われてきたタームではなく、「美術の神髄」であるとか、「智識開発の、御参考」といった、近代学術的な装いをまとった形で再編成されていることには、注目する必要があるだろう。

つまり、単に歴史的な由緒をたどるのではなく、この時期に成立しつつあった古社寺の美術的な価値[97]の学習、という形をとっているのである。我々が現在自明のものとしている「日本美術」という概念や枠組み自体、近代になってから、国民国家形成の中で生み出されてきたものであった。[98]

「異人くさい」鳩サブレーが名物となるまで

この間、鳩サブレーが存在していなかったわけではない。むしろ、豊島屋の歴史の中では非常に長い歴史を持つ商品である。豊島屋の創業後まもなく、フランス人からジャンヌ・ダルクの図柄が刻まれたビスケットをもらって食べたのにヒントを得て開発されたもので、[99]「八幡宮の八の字が鳩の抱きあわせなのにちなみサブレーに命名」したものとされている。[100]しかし、当初は「異人くさい」などと敬遠され、[101]古代瓦煎餅などに比べると人気があったとはいえないようだ。

ちなみに、明治時代に刊行された鎌倉の案内書などでは、「ハトポッポー」なるものが、名物として挙げられている。[102]だが、これは鳩形の袋の中におまけがついた子供向けの菓子であり、[103]鳩サブレーとは別物であった。この時期の史料において、鳩サブレーに触れている記述は、筆者が知る限りでは存在しない。マイナーな存在であったことはまちがいないだろう。

それが、大正十年に大きな転機が訪れる。当時著名であった小児科医竹内薫兵が、「幼児の栄養食に最適」といったことから、人気に火がついたとされている。[104]以降、豊島屋および鎌倉を代表する名物としての地位を築いていったのである。

たしかに、鎌倉は「古都」としてのイメージが強い。だが、そうしたイメージは、明治中期以降「美術」としての古社寺が再発見されていく中で、強調されてきたものである。その一方で、外国人や著名人の別荘の立地となるなど、西欧風の保養地の性格も強くなっていった。こうした鎌倉を取り巻く環境の変化が、豊島屋の名物を変容させていったともいえるだろう。

第2章　近代伊勢参宮と赤福

伊勢の代表的なおみやげとして知られる「赤福」。この名物が本章の主役である。赤福が現在のような地位を確立するまでには、鉄道の発展、皇室と関連づけた由緒、新しい生産技術による品質の改良など、数々の近代の装置が大きな役割を果たしてきた。そうした意味で、赤福は近代おみやげのひとつの典型ということができる。

近世の一大娯楽としての伊勢参宮

古来、伊勢神宮は個人による幣帛(へいはく)を禁じられた天皇の社(やしろ)であった。しかし、中世以降には、その制限は実質的に弱いものとなり、次第に一般庶民の参宮も増えていく。近世に入ると、参宮者は飛躍的に増加し年間数十万人規模となった。[1]おかげ参りなどと呼ばれる爆発的な流行も周期的に起こっている。

その背景には、現世利益を求める庶民たちの信心があったことは間違いない。さらには、参宮のついでに京、大坂などといった、さまざまな地域への旅を楽しみたいという、タテマエの裏に隠されたホンネがあった。また、伊勢では御師による盛大な接待を受け、古市では伊勢踊りを見物し、「精進落とし」をすることが一般的であった。つまり、伊勢参りは、多くの庶民にとって一生に一度の豪華な娯楽でもあったのだ。

万金丹、伊勢暦、煙草入れ――「宮笥」から「土産」へ

では、近世にはどのようなものが伊勢土産とされていたのだろうか。伊勢参宮を取り仕切っていた御師が、祈禱料を奉納する参宮者への答礼として与えた音物がその中心となる。具体的には、伊勢暦、海苔、茶、杉原紙など、軽量で持ち運びしやすい品々であった。それが、次第に商品化され、その過程で表記も「宮笥」から「土産」へと変化していった[2]。これは先にも述べたとおりである。

その後、薬である万金丹や煙草入れなども加わるようになったが、明治時代に至っても、軽くてかさばらないものというラインナップは基本的に変わることはなかった。

戦前の宇治山田、内宮前御祓町（『三重百年：写真集』中日新聞本社、1986年）

万金丹は、伊勢神宮の門前ではなく、朝熊山の金剛證寺の門前で売られていた腹痛や胃腸病などに効くという「万能薬」である。現在では「医薬品」としては認められなくなったこともあり、伊勢市内でも買い求めるのに一苦労するほどマイナーな存在となっているが、近

世から、長らく伊勢の代表的なおみやげとして知られるようになっていた。万金丹に限らず、各種薬品は軽くてかさばらないということもあり、かつては、神社仏閣の門前や宿場で売られる主要なおみやげのひとつであった。(3)

明治三十（一八九七）年に山田まで開業し伊勢神宮への輸送を担うようになった参宮鉄道と、これに接続して大阪・名古屋へ連絡する関西鉄道は、共同で『関西参宮鉄道案内記』と題するガイドブックを出版している。そこで、伊勢の代表的な名産品として挙げられているのは、次のような品々であった。

春慶（しゅんけい）塗漆器、傘、半紙、壺屋紙煙草入、張皮籠、合羽紙、木箸、宇治山炭、貝細工、河崎包刀、缶詰、鮑（あわび）粕漬、青海苔、万金丹(4)

伊勢市内で販売されている「万金丹」(2013年撮影)

中には、缶詰など、明治に入ってから登場したものも含まれているものの、近世からあった、持ち運びしやすく、腐りにくいものが主流を占めている。(5)

赤福の誕生

さて、現在では、伊勢の代表的な名物とし

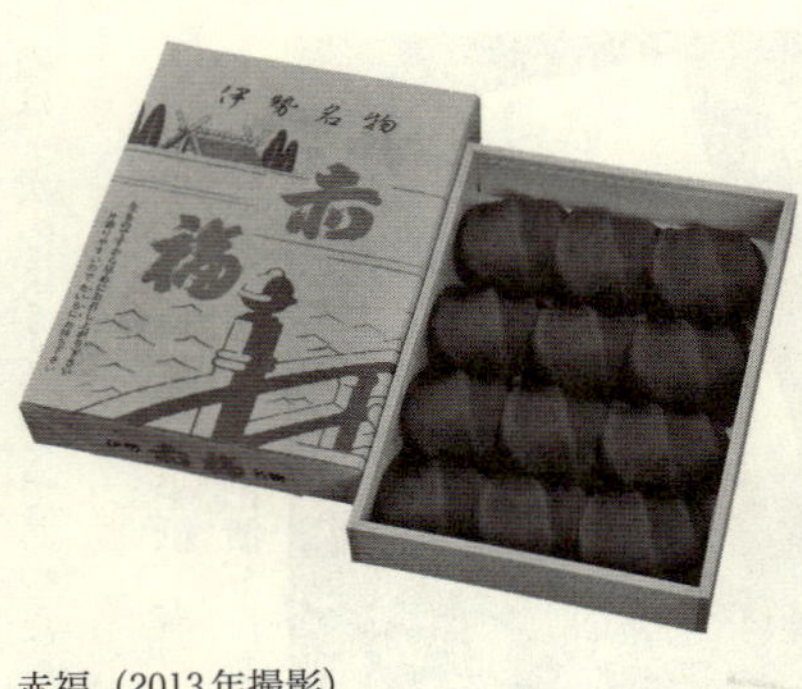

赤福（2013年撮影）

てまず第一に名が挙がるのが赤福である。赤福の創業は宝永四（一七〇七）年とされているが、かつて経営者自身が「もとより確かな史実があるわけでは」ない[6]ことを認めているように、正確な起源は詳らかでない。実際には、近世ではそれほどメジャーな名物とはいえなかったようだ。しかし、文久三（一八六三）年の大神宮御造営御木曳や、慶応三（一八六七）年のおかげ参りといったイベントを通して、幕末には一応は伊勢名物のひとつとして数えられるような存在に成長していた[7]。

ただし、この時期の赤福は、その後のものよりも大きかったとされていること[8]に注意が必要である。このことから、伊勢神宮内宮の門前町の茶屋で売られ、その場で食されることを前提としていたということがわかる。明治二十年代のガイドブックでは、「飲食店」のひとつとして紹介されているくらいである[9]。

だが、すでに明治三十年代には、「只廉価なのが呼び物で、多くは中流以下の人が土産の為めに買つて行く」とも伝えられているように、おみやげとして持ち帰られることも少なくはなかったようだ。しかし、生の餅であるためにおみやげとして買っていくのは主に「近郷近在の人」に限られていたという。[10]

つまり、この時期までの赤福は、基本的にはその場で食されるものであり、全国から伊勢参宮に訪れた人々が郷里へのおみやげとして買い求めていたわけではない。また当時はまだ、せいぜい伊勢の「準名物」[11]というほどの位置づけであり、後のように伊勢を代表する名物としての地位を築いていたわけでもない。

明治初期の赤福店内の様子（『赤福のこと』赤福、1971年）

明治大正期の赤福本店（『目で見る伊勢・志摩の100年』郷土出版社、1990年）

明治天皇に届けられた赤福

たびたび述べたように、近世の名物では、その来歴にまつわる由緒が語られることが多かった。それが、明治以降には、皇室との関係で語られることが多くなってくる。

ここで、意外な事実に触れておくと、明治以前に天皇自身が伊勢神宮を参宮することは基本的になかった。それが、明治二年三月の明治天皇による親拝を画期として、以降はさまざまな節目に、天皇が直接伊勢神宮に参宮することが慣例となっていったのである。

赤福が発展していく大きなきっかけとなったのも、明治三十八年十一月に日露戦争終結奉告のために行われた明治天皇の伊勢行幸であった。この際、いくつかの偶然が重なって、赤福がはじめて天皇の許（もと）に届けられることになる。

行幸には甘党の宮内省書記官栗原広太が随行していた。この栗原は、慣れぬ酒を天皇に飲まされた折に、「お祝いの御酒いただきて手も足も顔も躰（からだ）もすべて赤福」と自らの歌に詠（よ）んだ。そしてそれに、自分が食べるために買い求めていた赤福を添えて、天皇の手許に届けたのである。これ以降、皇族

右：赤福8代目浜田種三の妻であった浜田ますの口述による『赤福のこと』（前掲）に「大正末期」のものとして掲載された赤福本店
左：現在の赤福本店（筆者撮影）

による購入が相次ぎ、赤福の名は大きく喧伝されるようになった[12]。

このような、「皇室ブランド」が経済発展や地域開発のために積極的に利用されるということは、近代日本においては一般的なことであった。とりわけ、日露戦争後はこうした手法が本格的に展開されるようになっていた[13]。

「神都」として整備される伊勢神宮

明治十九年に設立された神苑会によって、伊勢神宮周辺に散在していた家屋の取り払いや、神苑の整備、神宮農業館や神宮徴古館の建設が推進されていった。その結果、明治になって以後もしばらく残っていた近世的な参宮空間が、近代的な姿へと変容したのである。明治四十四年には、ひととおりの改造を終えて同会は解散した。この時までに、近代的な「神都」としての姿が、おおむね整えられたといっていいだろう。

さらに、日露戦争後に進められた鉄道国有化によって、参宮鉄道や関西鉄道など伊勢を訪れる際に利用される鉄道の多くが政府に買収され、国鉄線として全国一貫の鉄道ネットワークの中に明確に組み入れられるようになっていた。つまり、この時期は、伊勢神宮が近代国家の「宗廟」として全国から参宮者を受け入れる、その素地が整ってきた時期に当たっているのである。

宣伝と改良

赤福が皇室への納入（とりわけ皇后による注文は大量であった）[14]を盛んに喧伝し、それを発展の大きな契機としたことは、こうした時代状況にうまく適合したといえる。その後、赤福は皇后への納入品を製造する過程で、餡に使用する材料を黒糖から白砂糖へと変えていった。これは、皇族の口に合わせるため、より良質の材料が求められたことがその発端であった。このことに由来して「ほまれの赤福」と称するようになる。そして、この改良は結果として保存性の向上ももたらした。

さらに、当時の当主浜田種助は、明治四十年から赤福を山田駅などで販売するようになった。[15]本書でこれまでみてきた事例と同様に、駅構内での販売に進出することによって、おみやげとしての地位を確立したのである。

その際に、浜田は「炎暑厳寒の候数日を経るも変味せさる」ように赤福を改良し、「数百里外の旅客も懸念なく」おみやげとすることができるように努めた。[16]それまでの竹の皮に代えて、構内販売用に新たに折詰を考案したのである。[17]

そうした工夫を加えながら、構内販売に進出するだけでなく、東京など、大都市で開催さ

明治40年頃の山田駅。戦後は伊勢市駅と改称したが、近鉄や高速道路の発達とともに、次第にその地位を低下させていった（前掲『目で見る伊勢・志摩の100年』）

ほまれ乃赤福

皇后陛下再度御買上の光榮記念の爲め赤福餅
の外今般更に「ほまれ乃赤福」と名つけて味
ひ美なる特別製「一夜を過ぜば殊更に味
ひの增す」餅を發賣仕候間御愛顧を奉希上候
赤福餅店主　濱田種助

「ほまれの赤福」広告（前掲『赤福のこと』）

れる博覧会の会場でも即売するなどして、知名度の向上に努めている。[18]

赤福は、創業以来、変わらぬ味と形を売りとしてきた。戦後に長らく社長を務め、拡大路線を推進した浜田益嗣は、「派手さのない、地味な大衆菓子として味も形もほとんど変えていない」[19]と強調している。しかし、大きさなど、変化している部分は少なくない。餅に砂糖を混ぜることにより日持ちを良くするなど、保存性の改良も続けられていった。[20]

参宮急行電鉄の開通で身近になった神宮

さて、ここからは少し伊勢全体のことにも目を向けてみよう。

伊勢神宮への参宮客は、大正時代半ばから目立って増加し始めるようになる（グラフ）。日露戦争後から、すでに増加傾向をみせ始めてはいたが、まだそれほど顕著ではなかった。それが、大正八（一九一九）年ごろを境に、参宮客は大幅に増加し始めるようになった。その直接的な要因は、現在のところよくわかっていない。背景として指摘できるのは、一つには、この時期に景気が上昇し旅行需要が増加していたこと、二つ目は、明治時代以来進められてきた鉄道の全国ネットワーク構築がほぼ完成の段階に入り、移動が容易になっていたことである。

こうした状況に目をつけたのが、大阪から奈良にかけて路線を展開していた大阪電気軌道であった。同社は、新たな系列会社として参宮急行電鉄を設立し、伊勢への進出を図り、昭和六年には同電鉄が宇治山田までを開通させている。[21]

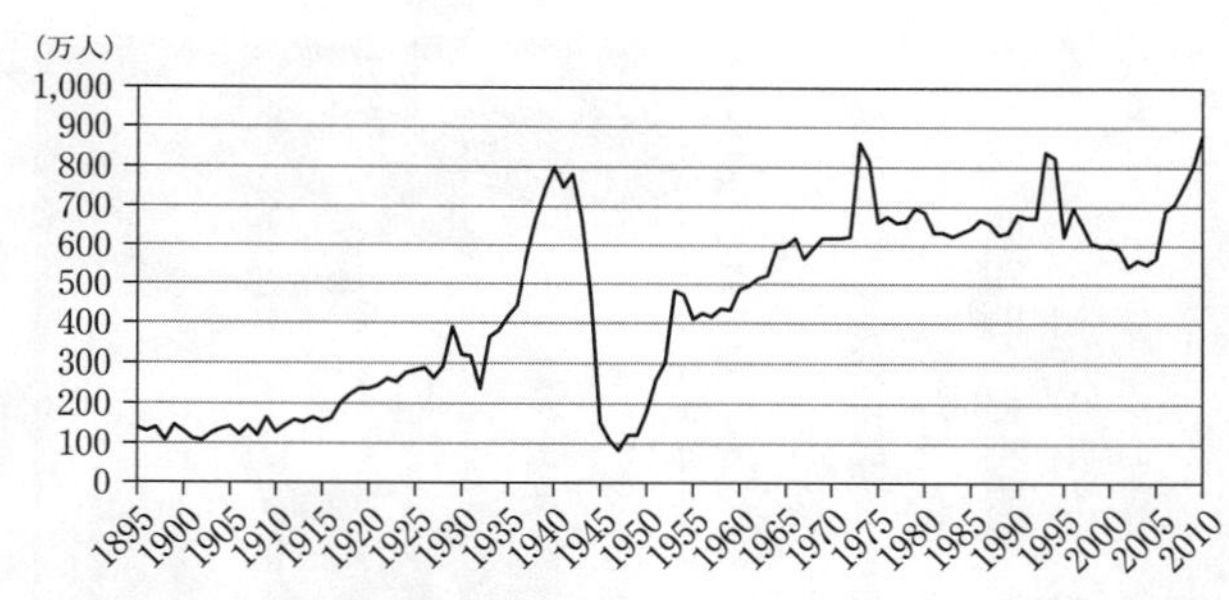

伊勢参宮者数の推移（神宮司庁編『神宮便覧 平成二十二年度』より作成）

「日常業務ニ多忙ナル者及外泊ヲ為シ得ザル小学児童モ容易ク日帰リ参拝ナシ得ル」[22]ことをめざした同線は、国鉄線経由より大幅に時間を短縮し、昭和七年からは大阪上本町から宇治山田までを約二時間で結ぶ電車を頻発するようになった[23]。大晦日には大阪から急行電車が三十分ごとの終夜運転をするようにまでなっている[24]。

近世では、いかに伊勢参りが盛んであったとはいえ、たいていは人生に一度の大イベントであり、そうたびたび伊勢を訪れることはできなかった。明治になっても、鉄道など近代的な交通網が整備されるようになったとはいえ、参宮が日常的なことになったわけではなかった。しかし、参宮急行の開通は、そこに劇的な変化をもたらした。大阪や名古屋といった大都市からは、気軽に行ける場所になりつつあったのである。

近代における社寺参詣について検討した平山昇は、都市部の交通の発達にともなって出現した、大した節目でなくても行楽のついでなどに参詣に訪れる人々の

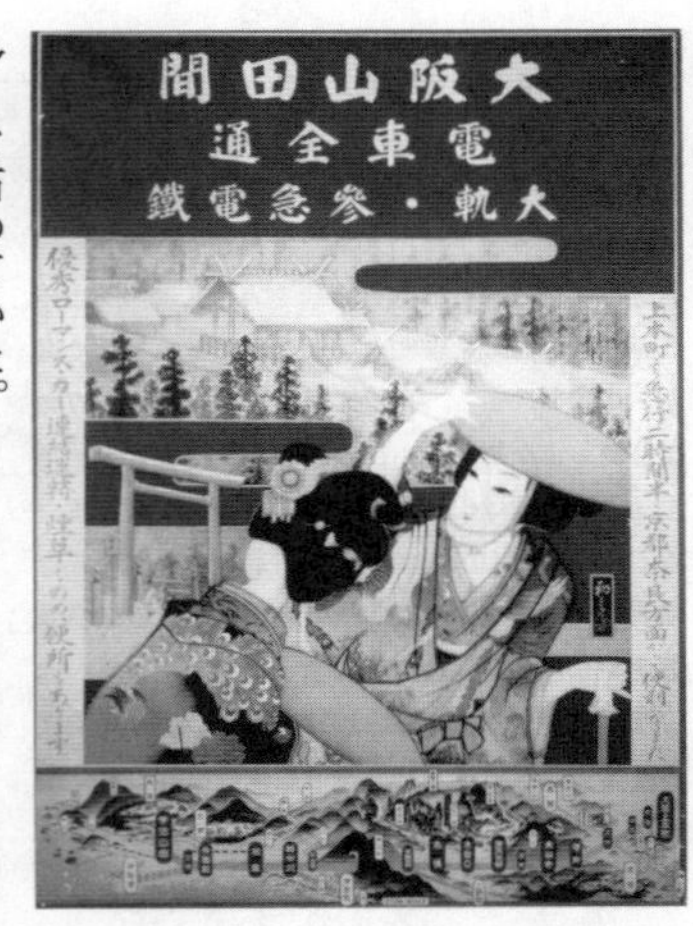

昭和6年、参宮急行電鉄の全線開通時のポスター（『近畿日本鉄道100年のあゆみ』近畿日本鉄道株式会社、2010年）

ことを、「普通の参詣人」と呼んでいる[25]。参宮急行開通後は、伊勢神宮でもこうした「普通の参詣人」が出現する条件が一応は整ったということができる。ただし、伊勢神宮の参宮者は、関西の都市部に限らず、全国から集まってきている。そのため、昭和のはじめごろは、夜行列車などに長時間揺られて参拝に訪れる人々が、まだ多くを占めていた。

『伊勢参宮要覧』に窺える参宮客の本音

こうした隆盛を背景として、数多くの伊勢参宮についての案内書が出版されている。そのひとつ、昭和四年に出版された『伊勢参宮要覧』[26]は、著者が「正しい参拝の心得」を強調するなど、神宮司庁が出した公式案内書ほどではないが、比較的「お堅い」案内書の一つといえる。

そこでは、「神宮参拝は国民の正しき務め[27]」などと強調されてはいるが、実際の参宮の目的には、新婚奉告、旧婚夫婦の御礼参り、開店、新築棟上、紛擾和解祈願など、極めて個人的かつ現世利益的な内容が列挙されている[28]。また、参宮の玄関口となる山田駅前についての記述では、「左右両側に軒を列ねた旅館、土産物店が人目を引き急に心がときめいて、未だ参詣せぬ前から早くも尊い参詣気分に胸が一杯になるのであります[29]」としている。人々の多くは、参拝前からすでに、その日の宿泊やおみやげの購入が心の多くを占めていたことを、著者は率直に書き記しているのだ。近代の伊勢参宮といえば、国民国家統合の装置としての位置づけが強調されることが多いが、実際にはこうした俗っぽい要素が少なくなかったのである。

みやげもの店が立ち並ぶ宇治の町並み（『岩波写真文庫117　伊勢』岩波書店、1954年）

修学旅行と伊勢神宮

この『伊勢参宮要覧』では、学校をはじめとした団体による参宮も強く推奨している。近世では、各地で結成された伊勢講を中心とする団体による参宮が主流であった。こうした旅は、神宮への参宮を主な目的としてはいたが、その行き帰りの途中の物見遊山や御師による豪華な饗応なども、実際には大きな楽しみとなっていたことは否定できないだろう。

維新後の御師廃止や鉄道網の発達は、参宮のあり方を徐々に変えていった。その中で新たに登場してきたのが、学校の修学旅行による伊勢参宮である。特に、参宮急行電鉄が開通した昭和六(一九三一)年以降、大阪市内から同電鉄を利用して伊勢を訪れる小学校が急増した[30]。

伊勢への修学旅行は、遅くとも日露戦争後には始まっていたとされる(学校による修学旅行自体は大正期以降一般化している)。だが、伊勢が主要な修学旅行の目的地となったのは、昭和の戦時体制期である。

近代日本の旅行の歴史を検討した白幡洋三郎によると、そうした「天皇制イデオロギーの中心地へ児童生徒を強制的に連れていくこと」を問題視する風潮が、戦後の教育史学界では強かったという。その背景には、戦後も地域によっては伊勢への修学旅行を当然とする空気が続いていたことへの反発があったのであろう。

だが白幡は、伊勢への修学旅行は、こうした「教育」の面からだけではなく、「旅行」の面から評価される必要があるとする。つまり、実際に旅行に行く局面においては、こうした建前のイデオロギーや教育目的よりも、道中の楽しさや美しい景色など、旅行としての思い出のほうが強く心に残るのではないか、としている。そして、こうした教育目的と実態との乖離は、平和教育の高まりとともに盛んになった広島などへの修学旅行にも、共通する傾向であると指摘している[31]。

このような、旅行における建前と実態との乖離は、少なくとも近世以来、その軸線や位相を変えつつも、現代に至るまでずっと存在し続けている。要は、江戸時代でも戦前でも戦後においても、建前の後ろに隠された旅の目的というのは、それほど変わっていないのである。[32]

修学旅行みやげとして

こうして考えてみると、あれだけ盛んであった伊勢への修学旅行が、赤福をはじめとする伊勢名物を全国的なおみやげへと押し上げていく役割を、果たさなかったとは考え難い。だが、修学旅行が場所を問わず、「教育」目的を前面に出したものである以上、修学旅行用の案内書などで公然と広告するということはほとんどない。修学旅行向けの案内書は、すでに明治・大正時代から数多く出版されているが、管見の限り、ほとんどが旅行予定地の歴史、地理的な紹介に紙面が費やされている。だが、おみやげ購入者として、修学旅行生は決して無視できる存在ではなかったはずだ。

これは伊勢ではなく、京都、それも戦後の調査によるものだが、京都に訪れる観光客の中で最もおみやげを買っていく率が高いのが、「学生・生徒」であるとされている。[33]おそらくその大半が修学旅行生であったと思われるので、修学旅行がおみやげの動向に与える影響は、極めて大きなものであったといえるだろう。

大正三年に赤福本店を取材に訪れた菓子業界紙の記者は、「小学校の生徒が百人以上も座敷に上つて食べて居つた[34]」ことに驚いている。この小学生の集団が修学旅行生であったのかどうかについては言及がない。だが、赤福が早くから学校の児童・生徒を取り込むことに積極的であったことは、間違いないだろう。

赤福は、戦後の昭和三十八年から、アニメを使用したテレビCMを流すようになった。これは、訴求対象として大人より子供を重視したことの反映であった。テレビで赤福の名を子供の脳裏に刻みつけることで、修学旅行で伊勢に行った時に思い出させておみやげに買ってもらい、味を知ってもらうとの戦略であったのだ[35]。

「伊勢物産は残らず一堂に」——百貨式大物産館

こうして、大正中期以降に大幅に増加するようになった参宮客、とりわけ団体客を受け入れるための基盤整備が、地元でも進むようになった。伊勢内宮、宇治橋前の門前町には、古くから赤福や生姜糖といった名物やおみやげを売る店が多数立地していたが、この時期には、団体客に対応した「総合的な土産品店」が出現するようになっていた。

内宮の社前にかかる宇治橋前に店を構えた中村太助商店は、生姜糖や絲印煎餅などといった伊勢名物を単品で商うのではなく、「伊勢物産は残らず一堂に」集める「百貨式大物産館」であった。宇治山田市内の各旅館の休憩所として指定を受けるほか、二階には「学生専用大休憩所」を設置するなど、修学旅行をはじめとする学校団体旅行に対応した構造を取っていた。また、屋上には人目を引くような時計台を設置するほか、背後の丘陵には「宇治橋公園」を開設し、「二千余坪の大運動遊技場」や千数百名収容の「屋内無料休憩所」を設置するなど、大規模な団体客に対応できるような店舗であった[36]。

中村商店の店内（同書）

中村太助商店は、宇治橋前の伊勢電気鉄道電車終点付近に、当時としては大規模で目立つ、時計台を持つ店舗を建設した（『伊勢参宮の栞』中村太助商店、1937年）

中村商店は大規模団体客を受け入れる設備を完備していた（同書）

中村は、宇治山田の港湾機能を一手に引き受けていた河崎という町にあって、古くから続く商家であった。代々、米穀、生魚、水産品を商うほか、旅館も兼業していたという。ところが、明治四十年、主人であった太助は突如として河崎の店をたたみ、内宮前にかかる宇治橋の前に新たに進出、旅館と土産物業に転業したのであった[37]。

長年にわたり築いてきた拠点を放棄して、競争の激しい新たな場所へと進出するのは、一見すると唐突で、リスクの高い選択に思われる。しかし、すでにみたように、この時期は伊勢参宮が国民行事として新たな段階を迎え始め、新たなおみやげが次々と開発されていた時期であった。一方、伊勢参宮の海側の入り口として栄えてきた河崎は、参宮鉄道の開通などにより、衰退傾向が明確なものとなっていた。中村の移転と転業の決断は、こうした流れを明確に摑んでいたといえよう。さらには、旅館部を廃止して土産物販売に経営資源を集中し[38]、大正二年、白亜の塔を持つ当時としては目立つ店舗を新築したのであった。

大規模土産物店の整備で先行する伊勢

鉄道省国際観光局が昭和八年二月にまとめた『観光土産品販売店調』では、宇治山田で「伊勢土産物」を扱う店舗として、六軒の店が記載されている[39]。このうち、屋号が明記されている「山形屋」「二光堂」「岩戸屋」は、いずれも明治大正期には、生姜糖の製造販売を営んでいた。それが、この時期には、各種のおみやげ品を総合的に扱う店舗を展開していたことがわかる。

実は、この調査は国際観光局が実施したということもあり、「土産品販売店」といってもとりあげられているのは、漆器、貝細工、鎌倉彫、七宝焼といった、外国人向けの手工業品を販売する店ばかりである。したがって、名物菓子を扱う店など、「土産品」と聞いて現代の日本人が想像するような店はほとんどとりあげられていない。しかし、宇治山田だけは「伊勢土産物」の総合土産物品店が採録されている。つまり、この時期にこうした大規模な「総合土産物品店」が本格的に展開していたのは、伊勢神宮の門前町くらいであったとみることもできよう。

京都も、多くの観光客や修学旅行生を集めていた。だが、『観光土産品販売店調』では、

戦前に紹介された宇治山田市の特産品（『宇治山田市の特産品』宇治山田市、年代不明、三重県立図書館所蔵）

戦前の京都新京極（『日本地理大系 第7巻 近畿篇』改造社、1929年）

伊勢のような土産物店は、京都ではとりあげられていない。戦後の調査となるが、京都市でおみやげ品を扱う小売店の約四割は新京極に集中していた[40]。そのうち過半数は戦後に創業したものだが、それでも四十軒が昭和戦前期までに創業をみていた[41]。ところが、昭和七年の調査によれば、宇治山田のような「総合土産物品店」を思わせるような店舗は、ほとんど見出すことができない[42](新京極の商店街には、「菓子店」や「玩具店」など、おみやげ品を扱っていた可能性のあるジャンルの商店は目につく)。

もちろん、京都駅前にあった「はとや百貨店」や、三条大橋東詰にあった「十八屋百貨店」などのような店が存在しなかったわけではない[43]。しかし、後者が「京都唯一の土産専門店」を謳っていたことにも示されるように、伊勢とは異なり全体としてみると大規模化が遅れていたのかもしれない。京都では多くの観光客が訪れていたものの、名所が各地に散在していたことも関係しているのだろうか。

高度成長期の隆盛とその後の変容

戦後になると、昭和二十七年に開業した京都駅観光デパートや昭和三十九年開業の京都タワーのように、とりわけ京都駅周辺に大規模おみやげ品店が集積するようになった。一方、宇治山田の「伊勢土産物」店も、「総合土産物品店」としての展開を続けていった。昭和三十年代後半に至っても、日本の観光旅行の多くは、社員旅行をはじめとする団体旅行が、依然として主流を占めていた[44]。「総合土産物品店」のような施設も、団体旅行の隆盛と相俟(まま)って、戦後の高度成長期ごろまでは、各地で整備されていたのである。

昭和も深まっていくと、旅行形態が次第に変容し、職場・学校・地域などの団体旅行から、個人旅行へと主流が移っていった[45]。それにともない、こうした団体向けの画一的なサービスを提供する大規模施設は振るわなくなってきている。入り口に「歓迎　○×中学校御一

中村太助商店は「勢乃國屋」と改称し、建物は改築しているが、現在でも同じ場所で営業している（筆者撮影）

行様」だとか「歓迎　△□農協御一行様」などと書かれた黒い札が並び、二階に団体専用の巨大食堂があるような店は、近年あまりみかけなくなった。

伊勢のおみやげ品店も、状況に合わせて変化してきている。創業者の名をとった屋号から「勢乃國屋」に名を改めた中村太助商店は、総合土産物品店を続ける一方、名物屋としての色彩を強めていく。つぶ餡を天然のヨモギを混ぜた餅で包んだ「神代餅」を製造販売するなど独自の名物も製造し、昭和五十年には当時の皇太子に献上している。[46]二光堂も、松阪牛の料理に力を入れるなど、個人客の獲得に力を入れているようだ。

赤福、近代化への道

赤福の話に戻ろう。先ほど述べたとおり、大正中期ごろから伊勢を訪れる人々の数は、右肩上がりに増えていった。その隆盛を背景に、赤福を販売していた浜田は、大正八年には宇治山田市内でも有数の商家に成長している。[47]「貴族院多額納税者議員互選資格者名簿」にも名を連ねるようになり、大正十四年の調査では、資産十万円、納税額約三千九百円に上っている。この年の調査では職業名が確認できるが、名物菓子製造業者でここに名を連ねているのは宇治山田では他にない。全国的にみても、成田の羊羹業者である米屋（よねや）の諸岡長蔵が確認できるくらいで、名物菓子製造業者としては突出した地位を、このときすでに築いていたことがわかる。[48]
昭和の戦時体制期になると、伊勢参宮が国民的な行事として盛んに奨励されるようになった。紀元二千六百年の奉祝行事がとり行われた昭和十五年を頂点として、参宮客は飛躍的に増加していった。

赤福は、こうした盛況に対応した取り組みをはじめる。昭和八年一月、赤福の九代目を継いだ浜田裕康は、経理を大福帳方式から伝票方式に切り替えたり、製造面では機械化を始めたりと、一連の近代化に取りかかった。だが、昭和十二年に日中戦争が勃発すると、裕康が召集され戦死したこともあり[49]、大量生産に対応した本格的な機械化は、戦後に持ち越されることになった。

赤福を凌駕していた生姜糖

第1章で触れた静岡の山葵漬や、後で取りあげる大垣の柿羊羹の場合も同様だが、その場で食する名物から、持ち帰りを前提とするおみやげへと転形を遂げていくためには、内容そのものの改良もさることながら、それを梱包する容器の工夫も重要な要素であった。

生姜糖（2013年撮影）

しかし、昭和十年代になっても、赤福のおみやげとしての評価は、「箱詰や竹皮包もあるが一両日経てば固くなるから、遠方へ持帰るには不適当[50]」という具合であった。全国へ気軽に持ち帰るという存在には、いまだなり得ていなかったのである。

この時期、伊勢のおみやげとして主要な位置を占めていたのは、生姜糖であった。戦時体制期の伊勢ブームにおいても、生姜糖生産による砂糖の消費量は赤福のそれを凌駕していたのである。[51]生姜糖は、生姜の絞り汁に砂糖水を加えて煮詰め、型に入れ固めて作られる。赤福とは異なり、生ものではないのでそれなりに保存が可能で、しかもかさばらない菓子である。

明治時代まで、伊勢における代表的な生姜糖製造業者は、寛政年間に橋本次郎兵衛が創業した山形屋であった。品質において同業者より優れていた山形屋は、たびたびの皇族への献上などを通じて、その地位を築いていった。[52]

明治四十三年、中之切町の三上安兵衛が、「剣先御祓形」の生姜糖を開発し意匠登録を受け、これを基に今在家町の牧戸浅吉が岩戸屋を創業し、「のし形」の生姜糖を商品化する。岩戸屋の生姜糖は、意匠の奇抜さと価格の低廉さを武器に、次第に売り上げを伸ばしていった。さらに、大正元年に二光堂が開業、生姜糖の製造販売に参入すると、この両業者が次第に山形屋の市場を侵食していった。[53]

後発の岩戸屋や二光堂の製品の品質は、必ずしも山形屋のそれを上回るようなものではなかったが、その形状と低価格に加えて、積極的な宣伝活動を展開することで、市場の主導権を握っていった。[54]のし形の生姜糖は伊勢神宮のお札に添えると、いかにも伊勢みやげらしくなることから、戦前においては修学旅行生のおみやげとしてポピュラーなものとなっていったのである。[55]

この他の伊勢みやげの中にも、この時期以降大きく発展を遂げていったものが少なくない。そのひとつに、表面に銅印の焼印を押した「絲印煎餅」が挙げられる。赤福が献上された明治三十八年の明治天皇伊勢行幸の際、同様に献上されたことを機会として、絲印煎餅は商品化された。[56]

こうしてわかるとおり、近世から参宮客が多数訪れていた伊勢であるが、日露戦争以降、赤福以外にも多くの名物が生み出され、大きく発展していたのである。

これらの名物は、個々の業者の枠を超えた改良組合が結成されることによって、組織的な改良が試みられていった。[57]他方、赤福はといえば、いくらかの改良がなされたとはいえ、十分な保存性を持つことはいまだかなわず、伊勢みやげとして盤石の地位を築くには至っていなかった。

近鉄電車と構内販売

赤福は、戦後になって大きく飛躍する。浜田益嗣が経営に携わるようになると、赤福はその事業規模を拡大していった。その大きな契機の一つが近鉄宇治山田駅構内への進出であった。

浜田は、昭和三十三年ごろのこととして、近鉄宇治山田駅構内売店の権利をライバル業者と激しいせめぎあいの末獲得し、それが後の同社の発展に大きく寄与したことを回想している[58]。この時期は、伊勢を取り巻く交通環境が変容していく大きな転換期であった。

参宮急行電鉄の開通以降、その後を受け継いだ近畿日本鉄道を含めた私鉄が、国鉄に代わって伊勢への輸送の主力を占めていった。すでに山田駅など国鉄の駅構内には進出していた赤福だが、この状況にあって、近鉄のターミナルへの進出は不可欠となっていたのである。

昭和三十四年十一月には、名古屋線の改軌工事が完成し、それまで伊勢中川で乗り換えが必要であった名古屋線と大阪線の直通運転が可能となった。伊勢を含め近鉄沿線の利便性が大幅に改善したのである。こうした状況を背景に、特急の増発を進めるなど、近鉄は積極的な施策を展開するようになっていた[59]。赤福が近鉄宇治山田駅の構内販売に進出したのは、まさにそのような時期であった。

なお、その後の新幹線開業以降も、近鉄特急網は新幹線との接続を強化することで、伊勢へのメインルートという地位を確固たるものにしていった。また、このころには、伊勢神宮だけでなく、鳥羽や賢島（かしこじま）を含めた伊勢志摩観光の開発が本格化している。さらに、昭和四十五年には大阪で日本万国博覧会、四十八年には伊勢神宮の式年遷宮と、画期となる出来事が続き、伊勢志摩観光を取り巻く状況は大きく変貌を遂げていった。

保存性の革新と事業拡大、伊勢を代表する企業に

昭和四十八年の式年遷宮を控えて、赤福は大幅な売り上げの増加を見込んでいた。そのとき、欠品を避けて製品の安定的な供給を図るため、冷解凍設備を導入している。食感や風味

を落とさないために自社開発された冷解凍プロセスは、生のあんこもちの「日持ちが良くない」という欠点を克服し、赤福を伊勢から大阪、名古屋の広域で流通させることを可能にしていった[60]。やはり、おみやげ化促進のためには、保存性の向上が重要なカギなのである。大阪、名古屋では、販売だけでなく、生産拠点も設けるようになった。各工場には、配送のために特別に発注した特装車に、「あんこ」と「おもち」を別々に分けて運び、そこで両者を合体させ箱に詰められるようになったのである[61]。このようにして、赤福は伊勢だけでなく、大阪や名古屋のターミナル駅などでも上位の売り上げを誇るおみやげ品となっていった[62]。

こうした取り組みの結果、浜田益嗣が入社した昭和三十年代半ばに年商八千万円前後であった赤福は、昭和四十四年に十億円、五十一年には四十五億円と、急成長を遂げた[63]。昭和六十年ごろには、赤福餅だけで年商約八十六億円、系列の食品会社やレストランチェーンなどグループ全体を含めると約百八十億円に上り[64]、伊勢地域を代表する企業の地位を確固たるものにした。

とはいえ、同社は野放図な拡大路線を続けたわけではない。「赤福は伊勢のお土産。手を広げ過ぎると味が落ちる[65]」などとして、全国の百貨店からの出店要請を断り、大阪、名古屋以遠の進出を止めている。昭和五十年代には売り上げの六〇パーセント[66]、バブル期でも五五パーセント[67]を三重県内で販売していたのである。こうした戦略は、全国的な「銘菓」ではなく、伊勢の名物としての特色を保持する結果をもたらした。

伊勢市駅構内の赤福売店（筆者撮影）

暗転と復活

しかし、成功の陰には落とし穴がある。赤福は平成期に大きなトラブルを引き起こしたのだ。

本来の赤福は、その場で食べる生のあんころもちであった。それを持ち帰り用のおみやげ品とすること自体、アクロバティックな行いである。この難事をなし遂げるためには、静岡の安倍川餅のように、素材を大きく変えてしまうという方法もあり得た。だが、赤福の場合、技術改良によって、そのままの形でおみやげ化することに成功したのであった。高度成長期以降の急速に増大する需要に対応するため、冷解凍設備が導入されたのも、すでに述べたとおりである。

平成十九年十月に発覚、報道された、消費期限や原材料の虚偽表示など一連の不祥事は、冷解凍技術の導入と広域化を背景として生じたといえる。社長であった浜田益嗣自身、「鮮度商品を広い範囲に拡販したことが誤り」[68]と認めている。

この不祥事は、衛生上の問題ではなくＪＡＳ法の表示の問題であり、法令の整備が実態に合っていなかっただけという指摘もある[69]。だが、「お客様に最高の状態で食べていただくためで、製造日に売れ残ったものはすべて廃棄する」[70]といったような、それまで会社側の発信してきたイメージと実態の間に、大きな乖離(かいり)が生じていたことはまちがいないだろう。

筆者自身、伊勢からは遠く離れた大阪のターミナル駅などで売られている赤福が、いったいどこで作られているのかが積年の疑問であった。これらは毎日伊勢から運ばれていたわけではなく、大阪や名古屋の工場で製造されたものであったのである。

その後、赤福は大都市の工場での製造をやめ、生産拠点を伊勢に集約することなどで、再起を図ることになった。[71]その結果、営業を再開した初年から、名古屋駅ではおみやげ品の売り上げトップを回復している。

第3章　博覧会と名物

近代国家を代表するイベントとして、長らく各国で開催されてきたのが博覧会である[1]。博覧会では、各地の産品や製品が一堂に会するとともに、その優劣を審査されることで、知名度の向上と品質の改良が進んでいった。本章では、この近代の装置である博覧会に焦点をあて、名物との関わりを考えていきたい。

博覧会・共進会・商品陳列会

前章まで、特に団子や饅頭などの名物食品がおみやげ化する過程に注目してきた。だが、その他にも、非食品の名物、つまり名産品も各地に存在している。こうした名産品は、当初は団扇や煙草入れといった、軽くてかさばらないものであったが、次第に彫刻や貝細工のような「工芸品」として、独自の展開を遂げていった。饅頭や団子のような食品類の場合と対照的に、市や県などの行政機関や民間団体が、博覧会や共進会などを絶好の機会として、宣伝や販売促進を積極的に展開した。

大正に入ると、博覧会のような臨時のイベントだけでなく、デパートでもこうした取り組みが行われるようになる。東北開発促進をめざして設立された東北振興会は、大正六（一九

五月一日より
同十五日まで
三越呉服店内にて開催
東北名産品陳列會
宮城、福島、岩手、青森、山形、秋田六縣の物産を一堂に集む
餘興 金山踊 鹽釜甚句
東北振興會

東北名産品陳列会の広告（『読売新聞』1917年4月30日）

二月二日より
雛人形陳列會
二月五日より
全國名産菓子陳列會
東京日本橋
白木屋呉服店

全国名産菓子陳列会の広告（『東京朝日新聞』1916年2月2日）

一七）年五月、東京の三越呉服店で「東北名産品陳列会」[2]を開催し、各地の名産品を陳列即売した。このような催しは、いずれも手工業品などの非食品だけでなく、名産菓子類も含むものであった。菓子に限定したところでは、その前年二月に、白木屋呉服店で「全国名産菓子陳列会」が開催されているのを確認できる。[3]だが、名産品全般を扱ったものとしては、この三越の「東北名産品陳列会」がことの始まりである。これこそが、現在でも各地の百貨店で頻繁に開催されている、「～県物産展」や「～県うまいもの市」などと称する物産展の起源だとされている。[4]

三越は、明治四十年代以降、客寄せのために「店内の博覧会」を開催することを戦略的に打ち出していた。[5]「東北名産品陳列会」も、その流れの中に位置づけることができる。日本における百貨店に先行する店舗形態として、博覧会の残り品を売りさばく勧工場があったことが指摘されているが、[6]百貨店における物産展は、明治時代の博覧会の系譜を、もっとも正

統に受け継ぐイベントであるといえよう。

「アンテナショップ」の源流

昭和に入ると、常設の店舗も出現するようになった。三菱地所部では、昭和八（一九三三）年四月に東京駅前の丸ビル一階（後に二階に移転）に「地方物産陳列所」を開設している。地方物産を東京でPRすることで産業振興に役立てようとしたものだが、不況でテナントが撤退した丸ビルの、空きスペースを有効活用しようとしたのが直接のきっかけであった。[7]

この地方物産陳列所は好評で、昭和十年十月には参加道府県は二十五に及び、施設も大きく拡張した。[8] こうした地方名産紹介施設は、現在東京など大都市で各都道府県が展開しているアンテナショップの源流の一つといえる。

地方物産陳列所の広告（『読売新聞』1939年5月31日 第2夕刊）

ここでは、せんべいや羊羹、佃煮、缶詰をはじめ、日持ちのする食料品も扱われていたが、何といっても主流を占めていたのは、工芸品などの「物産」であった。[9] 饅頭や団子といった菓子類に比べて単価が高く、しかも、鎌倉や箱根などでは外国人向けの需要が高かったことから、各府県はこうした「物産」の紹介に力を入れた[10]。特に、外貨獲得を目的とした外客誘致が大きな課題となっていた昭和初期には、国際観光局や日本産業協会といった組織が、外国人がどのような嗜好のもとにおみやげを買って帰るのかを調査し、箱根や日光などで外国人向けおみやげ品の開発に力を入れていた[11]。

江の島貝細工の盛衰

その後、「物産」の中には、嗜好の変化によって衰退していったものも少なくない。その代表として貝細工を挙げることができる。かつては、全国各地の海辺の名所で、おみやげ品として製造販売されていたものである。伊勢にせよ[12]、宮島にせよ[13]、古くから栄えてきた海辺の名所の多くでは、貝細工が名物とされていた。そうした中でも、とくに神奈川県の江の島の貝細工は最もよく知られてきた。

古くから修験の場として名高い江の島は、鎌倉時代に弁財天が勧請されると、参詣地として発展する。近世には、江戸などから多くの参詣者を集める、一大参詣名所となっていった。

江の島が多くの人々を集めた理由は、単に宗教施設があるばかりではない。島という条件を活かして、海の景色や豊かな鮮魚類を売りにしていた。また、近世中期以降の名所としての発展には、名所案内記など、メディアの発達が大きく影響していた。そうした背景から、貝細工など海産物が、おみやげとして大きく発展していったのである[14]。近代以降は、神社を

明治後期、江の島の貝細工店（『風俗画報』171号、1898年）

媒介としつつ、観光地として展開するようになった[15]。

後で触れる安芸の宮島もそうだが、江の島には、耕作をする田畑はほとんどなかった[16]。住民は、「旅館と、貝細工店と、漁夫で、農工に従事する者は一もない[17]」状態であったので、必然的に参詣客や行楽客を対象とした事業に、力を入れるようになった。江の島の表玄関に位置する茶屋街では、路面に煉瓦を敷き詰め、旅館、貝細工店、羊羹屋、食堂などが軒を並べる、門前町が形づくられていった[18]。そこでは、のり羊羹、鯛羊羹、海老羊羹、海産物あられ、黄金煎餅、饅頭[19]といった名産食品が売られるようになった。

中でも、江の島貝細工は、その創始を鎌倉時代に遡るともいわれ、古い歴史を持つ。だが、大きく発展するようになったのは、明治時代になって渡辺伝七が登場して以降のことである。明治六（一八七三）年に江の島の漁師の子として生まれた渡辺は、当初は島外で桶屋や材木屋などで生計を立てることを目論んでいたが、島内でも営むことができる生業として、貝細工に着目するようになった。しかし、当時の江の島の貝細工は、「ごく幼稚なもので、貝

各地の観光地向けに作られた貝細工の例（『懐かしうつくし貝細工』大田区立郷土博物館、2012年）

殻を集めてきて、それを姫糊でくっつけて、作りあげる屏風程度のもの、一つとしてろくなものは無い[20]」という有様であった。

そこで、渡辺は、箱根細工といった近隣の名産品を上回ることを意識する。[21]原料の貝は、地元産だけでなく、北海道や美濃地方といった国内はもちろんのこと、[22]遠くは中国や東南アジアから取りよせて、[23]生産に当たるようになった。また、明治三十九年には貝細工工場を建設し、個人による製造だけでなく、量産体制も整備していった。[24]渡辺は、貝細工を地元江の島で販売することに加えて、伊勢や松島などといった各地の名所などにも、広く製品を卸すようになった。[25]

江の島と鎌倉の融合

近代の江の島は健全な行楽地とみなされ、[26]早くから学校の児童生徒の修学旅行先となっていた。大正五年十二月には、静岡県立沼津中学校の生徒が、修学旅行の途次に江の島を訪れ、おみやげを購入するために貝細工店に立ち寄ったことが、新聞に報じられている[27]。

この記事は、そのこと自体を特異なこととして取りあげているわけではない。実は、この時に生徒による集団万引き疑惑が発覚し、その対応をめぐって生徒と学校側の間に騒動が起こったという事件を報じているのである。だが、この記事によって、すでに大正時代には、江の島が修学旅行の立ち寄り先になっていたこと、彼らが貝細工店でおみやげを物色していたことが、図らずも伝えられている。また、別の史料からは、昭和八年ごろには、少なくとも十六の貝細工を扱う店が、軒を連ねていたことが確認できる[28]。

第1章で触れたように、横須賀線の開通は、古都としての鎌倉の性格を大きく変えていった。そして、その周辺に位置する江の島でも、参詣路が変化するなどの影響がもたらされた。明治二十九年八月の『東京日日新聞』は、次のように報じている。

近頃江の島の貝細工多く此の地にて売れ鎌倉みやげの大部分を占め居れり、江の島の影響如何にや聞き度事なり、其店一二軒、宮近き一軒ハ近年開きしものなれど、参宮の通路ゆへ貴紳の客概ね此家に就て買求め意外の利益あり、五円の元手にて開きし店が忽ちに今日五間々口の大店とはなれるとぞ[29]。

それまで江の島名物として知られていた貝細工が、鎌倉へも販路を拡張し、鎌倉名物化していったのだ。江の島の名物が鎌倉へと進出し、両者が融合していくという動きは、明治三十年代に江之島電気鉄道が開業して鎌倉と江の島が直結するようになると、さらに加速していったのである。

カモにされる客たち

伊勢や宮島などへの参詣は、明治になっても依然として一生に一回の大旅行であったことは、すでに述べた。初めての土地を訪れた旅人は、たとえば伊勢では、関東出身者がその言葉づかいから「関東ベエー」などと呼ばれた。彼らは、金払いがいいことから、山田の遊廓である古市では最も歓迎される客であったとされる[30]。逆にいえば、そのぶん悪徳商人に騙されることも多く、「ぼられる」こともあったに違いない。

第1章の冒頭では、清河八郎の西国旅行について触れた。清河といえば、幕府を出し抜いて倒幕を標榜する浪士組を結成するなど、幕末に活躍した志士として知られている。幕府打倒のために活動する中で、当然ながら各地を旅することも多かったが、そうした活動に身を投ずる以前から、当時としては頻繁に旅行に出かけている。

安政二（一八五五）年には、母親らを連れて、金毘羅や宮島など西国を回る旅をしている。そして、その周遊を終え東国に帰る途中、清河一行は、播磨国の大塩から曽根に抜ける峠の茶屋で、砂糖水を飲んだ。ところが支払いの段になって、相場をはるかに上回る高額の料金を請求されたのである。のどの渇きのあまり注文の際に値段を確かめていなかったという落ち度もあったとはいえ、清河は、「その貪婪（どんらん）の深き、禽獣（きんじゅう）同前、面皮のあつき仕方[31]」などと憤懣をぶちまけている。

清河は旅慣れている上に、剣の達人であり、時には幕府を手玉に取るほどの才人であった。それほどの人物でも、やすやすと騙されてしまうほど、街道の商人は手ごわい相手であった（ただし、そうした隙があった清河だからこそ、江戸の街中でいきなり暗殺されるような最期を迎えてしまったのだとも、いえなくはない）。

こうした状況は、江戸時代に限られていたわけではない。現代に至るまで、世界のあらゆる観光地に共通する問題であるともいえる。

「明朗会計」への努力

価格が一定した明朗会計であることが、旅行者を安心させる。これは、古今東西を問わない。

宮島[32]では、厳島神社の回廊に「産物商人」が出没し、通常の三割も四割も高い値段を吹っ掛けるような押し売り行為をはたらいていた。これを排除するため、日清戦争中の明治二十八年、規約を定めて定価販売を義務づけ、悪質な商人は排除することを社務所が決定している[33]。この前年には、すでに述べたとおり、日清開戦に間に合わせるため、山陽鉄道が広島まで開通している。その結果、宮島を訪れる旅行者は格段に増加していた。それに比例し、おみやげ購入をめぐるトラブルも増えていたのである。

明治三十年代、伊勢の参宮鉄道でも、会社が指定した行商人が弁当や寿司などの車内販売とだった。

を行っていた。そこでも、鉄道会社が商人に注意していたのは、定価を明示させるということ[34]

粗悪品統制と名物改良

旅先でおみやげを買う際のもうひとつの心配が、粗悪品や不良品を摑まされることである。宮島では、不正販売などを防止するため、明治二十八年四月に宮島産物営業組合が創立されている[35]。明治四十一年には、広島商業会議所が主導して宮島細工組合を結成し、販売だけでなく粗製濫造の防止など、製造面に対して統制に乗り出している[36]。

今日でもそうだが、菓子をはじめとする食品類をおみやげにするということには、とりわけ安全・衛生面が大きな問題となる。

日光では、古くから羊羹が名物として知られていた。明治二十三年に日本鉄道が日光まで開通し、日光への訪問客が増え、羊羹が多くの人々におみやげとして購入されるようになると、その保存性をめぐる問題が顕在化するようになっていた。明治三十四年には、日光羊羹について次のような報道がなされている。

日光にハ日光羊羹といふ名物あり土地にてハ四季腐敗することなしとて自慢し居れども此頃の製造品にハ多量のサツカリンを含有しある故中毒するもの甚だ多し[37]

この記事自体は、数日後に業者の抗議により誤報として取り消されている。だが、事の真偽はさておくとしても、羊羹という比較的保存性のよい菓子ですら、持ち帰るべきおみやげとしては問題を抱えていたことを、この記事の存在は浮き彫りにしている。

明治後期には、日光電気精銅所の設置、日光電気軌道の建設計画や帝国公園設置の請願が進むなど、日光は観光と工業の町として急速に開発が進んだ[38]。その結果として、訪れる人々がさらに増えてくると、日光羊羹を製造販売する業者の数も次第に増加する。だが、その中には「粗悪のものを製造するもの」があり、その改良が叫ばれるようになった[39]。

明治四十二年九月には、栃木県衛生試験所で日光羊羹の分析試験を行ったところ、製造後十日ほどしかたっていないのに、早くも腐敗している製品が発見された。そこで、品質を安定させるために、組合による規約の制定など、統制の強化の必要性が強調されている[40]。さらに明治四十四年には、栃木県菓子品評会が開催されるなど、品質の安定化への取り組みが進んだ。

鉄道院の名物評価

業界に対する統制を強化したのは、何も同業組合ばかりではない。鉄道の駅構内における販売が、名物のおみやげ化に大きな役割を果たしたことは先に触れた。この構内営業者を管理していた鉄道院西部鉄道管理局では、はやくから管轄地域の駅弁評価を行うことで業者に対する統制を強めていた[41]。明治四十四年の夏には、管内各駅構内で販売されている名物菓子についても、体裁、風味、価値を調査し、それぞれ評価している。その際、味や価格、体裁などの面で「代価相当」とされたものは、次のとおりである。

(一) 体裁良、風味良、代価相当の物
▲草津　蛯(姥)が餅
▲京都　ぎをん団子
▲舞子　松露糖
▲明石　海藤花
▲同　八房の梅
▲加古川　千々里
▲岡山　吉備団子
▲同　鶴の玉子
▲同　水飴
▲巳(己)斐　大石餅
▲小郡　まんぢう
▲下関　亀の子煎餅
▲同　あは雪
▲関　関の戸
▲松阪　越の雪
▲同　桐が葉山
▲同　鈴のひびき
▲相可　宮の影
▲山田　赤福餅
▲同　きさらぎ
▲吉野　吉野葛

(二) 体裁並、風味良、代価相当の物
▲大阪　浪花まんぢう
▲京都　八ツ橋

▲有年　汐見まんぢう　　▲郡山　城の口餅
▲岡山　初雪
(三) 体裁良、風味並、代価相当の物
▲大谷(津)　走井餅　　▲三田尻　穂々穂
▲大阪　粟おこし　　▲同　羊羹
▲神戸　瓦せんべい　　▲小郡　外郎
▲網干　和久だん子　　▲山田　二見餅
▲岡山　米の生る木　　▲四日市　永餅
▲玉島　まんぢう　　▲郡山　朝日影
▲福山　柚餅子　　▲宇治　喜撰糖[42]

草津の姥が餅、山田の赤福餅、大阪の粟おこしなど、現在までおみやげとしての命脈を保っている名物の多くが挙げられている。駅構内での販売が、おみやげとしての名物の維持拡大に大きな役割を果たしていたことがここで再確認できる。

博覧会と名物の創出

先にも触れたように、伊勢では明治三十年代以降も盛んに名物が改良・創製され、参宮客のおみやげとなっていた。そうした中、明治四十四年には、伊勢土産の改良組合が結成され

第5回内国勧業博覧会の会場正門（『内国勧業博覧会』第5回内国勧業博覧会協賛会、1903年）

ている。この組合は、「徳義上の制裁」をすることで「伊勢土産物の信用を向上すべく」結成されたものであった。また、三重県や宇治山田市が支援する形で、生産品の品評会や審査会も、積極的に展開することになっていた[43]。こうした、公的機関による組織化と統制には、不良業者の排除という役割も大きい。だが、地域産業の振興という、もうひとつの性格も大きかったことを見逃してはならないだろう。

その最大のものが、すでに触れた内国勧業博覧会に代表される、博覧会や共進会といったイベントであった。明治時代における名物の創製とその改良にあたっては、博覧会の影響は極めて大きかった。

近代日本における博覧会は、明治四年に京都で開催された京都博覧会をその嚆矢とする。その後、明治十年に東京で開催された内国勧業博覧会など、本格的に展開するようになった。

こうした催しは、政府の勧業政策のもと、新技術や新商品を展示・評価することで広く紹介・普及することを狙っていたのである。共進会は、博覧会よりも、出品者の評価や競争に重点を置いていたが、基本的には両者ともほぼ同じ性格を持っていた[44]。いずれも期間を定めた臨時の催しであったが、常設のものとして主に府県等が設置した商品陳列所があった。こうした施設も、勧業行政の一環として地域の重要特産品を域外に紹介することを目的としていた[45]。

明治十年に東京上野で第一回が開催された内国勧業博覧会は、第三回までが東京、明治二十八年の第四回は京都、三十六年の第五回は大阪と、五回にわたって開催された。その目的は、内務省の主導で国内産業の増進を主眼としたものであった。

会場には、全国から集められたさまざまな出品物が展示されたが、博覧会ではこうした出品物を部門ごとに審査し、優秀品には賞を与えた。こうした出品物のランクづけは、出品者たちの競争心を喚起し、物産の改良に結びついていく。会場に展示されるということ自体が、多大な宣伝効果を持ち、一大広告塔となった[46]。

奈良のプロモーション

特に、大阪で開催された第五回は、従来に比べて規模が大きくなり、入場者数も激増した。また、外国産品や多数のアトラクションなど、それまでの内国博とは一線を画したものであった[47]。菓子類だけをみても、千七百三十八名の出品人から合計四千五百六点が出品されているが、これは前回の第四回に比べて、約三倍の増加である[48]。

第5回内国勧業博覧会の愛知県売店（前掲『内国勧業博覧会』）

奈良市では、この第五回内国勧業博覧会に奈良県内共同売店を設け、筆、墨、団扇といった特産物を直売している。会場を訪れる各地からの観光客を当て込んで、奈良の名物の宣伝と販売に努めたのだ。[49]また、奈良県高市郡役所は、大正天皇即位の大典記念として大正四年に土産物共進会を開催している。

この時期には、畝傍（うねび）山と橿原（かしはら）神宮を一体とした神苑整備事業が進められるなど、[50]近隣の地域開発が活発化していた。この催しでは、全国から出品を募っているが、毛筆、水筒、海苔、漆器などが多く、おみやげというより「特産品」のためのものという性格が強かった。地元から出品されたものの中には、「畝傍煎餅」や「三ツ山餅」といった名産菓子類もあるが、[51]「楽焼」「下駄」「ゴム製パック」（ただし詳細は不明）など、特産品的性格のものが目につく。

大阪電気軌道開業と橿原名物の創出

奈良盆地の南部に位置する高市郡には、明治時代から大阪鉄道や奈良鉄道などが開通していたが、いずれも蒸気鉄道であった。一方、大正十二年三月に橿原神宮前まで開業した大阪電気軌道（大軌）畝傍線は、複線電化の高速電車が大阪などの大都市に直結し、大きなインパクトを沿線地域に与えるものであった。

大軌は、もともと大阪上本町と奈良を結んで大正三年に開業した私鉄であった。当初は経営難に苦しんだが、数年で経営を立て直すと、奈良盆地南部に進出するとともに、伊勢方面への延長を目論むなど、積極的に事業を展開していったのである。

大軌の開業に備えて、高市郡の中心都市であった八木町では、これに対応した発展策を構想した。その一環として、「全国ニ紹介スルニ足ル土産品」を開発するために、懸賞を行っている[52]。趣意書によると、高市郡は神武天皇が即位した「皇祖発祥ノ霊境」であり、飛鳥やその他仏教遺跡などの史跡に富み、参詣者や遊覧客が多数訪れ、今後大軌や吉野鉄道などが続々と開業するにもかかわらず、「適当ノ土産品極メテ少」ないことを問題視している。趣意書の最後に応募者への注意が記されているが、そこからは、当時高市郡の地元が求めていた、おみやげの具体的な姿をうかがうことができる。

一、意匠ハ可成当地ト特別ノ関係ヲ保スコトヲ要ス、例ヘハ本郡ニ因アル歴史ヨリ来ル立案又ハ土地ヲ広ク広告スルニ足ルヘキモノ

もっとも重要な要素として挙げられているのが、歴史など地域の特質との関連性である。本書でも何度か触れたが、日本のおみやげにとって、「由緒」は欠かせない要素だった。こ

こでは、畝傍や橿原といった建国の神話にまつわる由緒を持った名物おみやげの創出が、強く意識されていた。

続いて、価格の安さ、製造の容易さ、品質の堅牢さなどが挙げられているが、最後の二項目では「携帯上不便ナラサルモノ」「腐敗セス日数ノ保テルモノ」が要求されており、おみやげとして実際に持ち帰ることを具体的に想定した内容となっている。[53] この懸賞は、全国から募集したが、実際に出品したのは奈良県内、特に地元の高市郡からが大半であった。[54] 入賞したのも、二等賞の「名所饌餅」をはじめ、「御国みやげ饌餅」「埴輪諸越（もろこし）」「金鵄（きんし）もなか」といった、橿原を強く意識した名物菓子が数多く並んでいる。

このように、橿原の地元名物の創出という主催者のねらいは、一応当たった。だが、一等賞が該当作なしとされたように、際立ったインパクトを持った名物がここから生まれてくることはなかった。また、ここで入賞した商品の中から、地域を代表する名物おみやげに成長していったものも見当たらない。品名がこじつけに過ぎるものが多かったのか、単純にあまりおいしくなかったのか、今となってはよくわからない。ともかくも、名物の創出は、由緒と商品自体の内容との微妙なバランスの上に成り立っており、最初から意図して造り出すのは非常に難しいということを、この事例は示している。

日本旅行とＪＴＢ

近代日本における旅行の歴史を語る場合、ＪＴＢの前身であるジャパン・ツーリスト・ビユーロの設立は、必ずといっていいほどとり上げられる[55]。よく知られているように、同社は、日本を訪れる外国人観光客を誘致し、その旅行の便宜を図るために、鉄道院の主導で明治四十五年に設立されたものである。大正期以降、その対象を日本人旅行者へと徐々に拡大していったが、基本的には外国人や海外旅行に顔を向けてきた歴史の長い企業である。

ところが、同社より古い歴史を持つ――その割には、その沿革について言及されることが少ない――有力旅行会社がある。それが日本旅行である。近代日本の旅行の歴史を描いた白幡洋三郎も、その著書の中で、日本旅行の前身である日本旅行会について一応言及している。だが、その来歴については触れていない[56]。

草津駅の構内販売業者南洋軒から始まった日本旅行。現在でも、草津支店は南洋軒のビルにある（筆者撮影）

実は、日本旅行のもととなったのは、東海道本線草津駅の構内販売業者であった。初代南新助は、草津の有力者のひとりであったが、同駅開設の際、駅用地の取得に尽力したとされる。その結果、南は駅開設後鉄道当局から勧められて、明治二十二年に駅構内立売営業権を取得した[57]。このあたりの経緯は、第1章で触れた静岡駅の東海軒などと似通ったところがある。その取扱商品のひとつとして、近世以来草津宿の名物である姥が餅があったが、この売れ行きはよく[58]、次第に主力商品に成長していった。現在でも、草津駅の構内営業者である南洋軒は、草津駅で姥が餅を販売している。日本を代表する旅行会社の一つである日本旅行のもととなったのは、名物販売だったのである。

明治三十八年、南新助は旅行斡旋業にも進出するが、最初の企画は、高野山参詣団と伊勢神宮参拝団であり、その後も浄土宗開宗記念団や善光寺参詣団など、社寺参詣がその主力を占めていた。[59] つまり、伝統的な社寺参詣に軸足を置いて発展の基礎を築いたとみることができるだろう。そうした意味で、当初から外国人観光客に主眼を置いていたＪＴＢとは、対照的な性格を持った企業であった。近代日本における旅行業は、ＪＴＢ的なものと日本旅行的なものせめぎあいの中で展開してきたということもできよう。こうした近代の旅行をめぐる対照的な構造は、おみやげの開発という面においても、見出すことができる。

「外客誘致」とおみやげ改良

大正初期の第二次大隈重信内閣のころから、国際収支の改善を目的に、「外客誘致」つまり外国人観光客の日本への積極的な呼び込みが課題であった。昭和五年には、鉄道省の外局として国際観光局が設置され、本格的な誘致政策を展開するようになっていた。

欧米などから日本を訪れる観光客は、昭和七年当時で約三万人、その消費額は総計五千四百万円であった。[60] そのうちおみやげの購入には、約一千万円が充てられていたとされている。[61] この数字だけみても、あまりピンと来ないかもしれないが、昭和十一年当時、京都市における観光客の買い物額が年間総計で約千六百万円であったことを考えると、当時の日本における外国人のおみやげ購入は、経済上無視できない規模であった。[62]

そうした政策が進められる中、昭和七年に日本産業協会が、京都、日光、箱根、奈良、長崎、宮島など、外国人が多く訪れる主要観光地において、外国人向けのおみやげの売れ筋の傾向や、その宣伝方法などを調査している。それとともに、観光地のホテルなどで試売することで、さまざまな改良をおこなうようになった。外国人向けのおみやげ品は、漆器、絹織物、陶磁器、木細工、貝細工などの工芸品がその多くを占めており[63]、日本人とは異なる嗜好に応えるものであった。

特に、国際貿易港である横浜を抱える神奈川県では、昭和四年に知事に就任した山県治郎のもとで、湘南地域の国際観光地化をめざす湘南開発計画が推進されていた。こうした中で、神奈川県や神奈川県観光連合会は、県下土産品の外国人観光客売上高を調査し、その改善策などを研究している[64]。行政が主導する形で、外国人向けのおみやげの改良が進められていたのだ。さらに、県観光連合会では観光土産品品評会を開催するなど、国内向けの新たなおみやげ品の開発も推進した。[65]

全国菓子大博覧会

この他、明治・大正時代には数多くの博覧会や共進会などの催しが頻繁に開催された。そのなかでおみやげに関係深いものとしては、大正二年二月から三月にかけて開催された旅行博覧会がある。[66]大阪博物場内で開催されたこの博覧会は、鉄道院西部鉄道管理局が西日本各地の名物をまとめた「名物案内図　名物にうまい物あり」を出品するなど、[67]全国にネットワークを形成しつつあった鉄道の発達を背景とした催しであった。しかし、この催しはどうやら一回限りに終わったようである。

　継続して開催されていったものとしては、明治四十四年に東京で開催された菓子飴大品評会がある。それまで、博覧会や共進会の中で菓子の部門が設けられたり、菓子の品評会[68]が開かれたりすることはあった。しかし、博覧会全体の中では位置づけが低かったり、単独でも地方的なものにとどまったりしていた。そこで、菓子を対象とした全国統一的な評価の場を設定することで、菓子界全体の質的な向上を狙ったのだった。[69]第一回は東京赤坂三会堂で開催されたが、[70]佐賀県を除く全国道府県約九百七十名の出品者から、二千五百点以上を集めたという。[71]

　菓子飴大品評会は、翌年以降、断続的に各地で開催されるようになったが、昭和十年の仙台から全国菓子大博覧会と改称している。[72]その後、昭和十四年の大分以降、戦中戦後は中断していたが、昭和二十七年の横浜から復活し、平成二十九年の伊勢に至るまで、合計二十七回開催されている（その後新型コロナウイルス感染拡大の影響により中断していたが、令和七年に旭川での開催が予定されている）。

『第十回 全国菓子大博覧会誌』(第十回全国菓子大博覧会事務所、1935年) に見える展示の様子。白松が最中本舗はじめ地元仙台の各店ほか、森永製菓など有力企業、各県および樺太から出品されていることが見てとれる

大垣の柿羊羹

鉄道や博覧会といった近代的なシステムが、おみやげの拡大に大きく寄与していたことを、ここまでみてきた。本章の最後に、そうした近代的なシステムが複合して働き、一挙にメジャーなおみやげを生み出した典型的なケースとして、大垣の柿羊羹に注目してみよう。

近世においては、大垣は、美濃往還の沿道に位置する城下町ではあったが、東海道からも中山道からも外れていた。そのため、大垣を通過する旅人は、主要街道筋に比べてけっして多くはなかったのである。しかし、東海道線が開通すると、次第に主要駅のひとつに成長していった。

この町に、宝暦五（一七五五）年に創業したとされる、槌谷(つちや)という和菓子屋がある。古くから柿の産地として知られてきた大垣であるが、大垣の柿をめぐって、次のような伝承が伝えられている。

関ヶ原の合戦の直前、ある僧侶が徳川家康に大きな柿を献上したところ、家康は非常に喜び、「大柿（垣）我手に入れり」といったという[73]。大垣城は敵方である西軍の根拠地であった。

槌谷の先祖である園助は、宝暦五年に乾柿の製造を工夫し、「爾来(じらい)美濃名物の一として指を屈せらるる」ようになった。さらに天保九年には、「乾柿を菓子に応用して一種の羊羹を創製し」、これを柿羊羹と称するようになったという。つまり、柿羊羹は、大垣地方の柿という特産品を背景にしつつ、近世後期になって創製された名物であった。

戦前の大垣駅（『昭和14年大垣駅映像展』昭和14年大垣駅映像展実行委員会、1986年）

その後、明治十一年に祐七が家業を継ぎ、さまざまな改良を施していった。明治二十三年四月には、明治天皇に柿羊羹を献上したという[74]。

内国勧業博覧会で登場したライバルと改良への努力

このように、柿羊羹の製造元として確固たる地位を得たようにみえた槌谷であったが、ここに強力なライバルが出現する。明治二十八年に、第四回内国勧業博覧会が京都で開催された。この時槌谷は出品しなかったが、そこに、同じ大垣の羽根田豊三郎[75]が柿羊羹を出品したのだ。

羽根田の製品は、審査官から「之を食へは忽（たちまち）柿の香味を覚へたり、殊に其茶褐色を帯ひたる処一種の光沢あり、所謂柿実の本色を出したり、凡（すべ）て菓実を主たる原料とする菓子は如斯ならさるべからず[76]」と激賞され、「進歩賞三等」を受賞する。このとき、「一般当業者ノ耳目ヲ聳動（しょうどう）セシ」めたとされている[77]。

羽根田による柿羊羹の出品と入賞のインパクトは大きかった。その後、各地でこれを真似た柿羊羹の生産が盛んになるばかりか、栗羊羹、林檎羊羹、桃羊羹、西瓜羊羹、人参羊羹、昆布羊羹、海苔羊羹、蓮根羊羹など、果実等を使用した羊羹が、各地で次々と作り出されるようになった。[78] このように、新奇な商品の普及と拡大にとって、内国勧業博覧会という場は絶大な効果を発揮した。

槌谷がこの博覧会に自らの製品を出品しなかったのは、「其容器ノ未夕適当ナラサル所アルヲ病[79]」んでいたからとされている。後発の羽根田が内国勧業博覧会という大きな舞台で高い評価を受けたことに、槌谷が強い衝撃を受けたことは、想像に難くない。

槌谷は、「是ヨリ日夜寝食ヲ忘レテ熱心之カ研究ニ従事シ不退不転柿羊羹ヲ以テ生命トナス[80]」ほどの決意をして、その改良に取り組むようになった。柿羊羹そのものの改良のほか、明治二十九年、それ以前からの大きな課題であった容器を、新開発の竹製半月型のものに一新した。[81]

こうして、明治三十六年の第五回内国勧業博覧会に、槌谷は満を持して出品をする。そして、高い評価を獲得した新しい柿羊羹は、その後も、セントルイス万国博覧会、日英博覧会、パナマ運河開通記念サンフランシスコ万国博覧会など、内外の主要博覧会に次々と出品しては、数々の賞を受けたという。[82]

激しい競争、そしてメジャーなおみやげに

内国勧業博覧会は、大阪での第五回が最後の開催となった。しかし、柿羊羹をめぐる槌谷と羽根田の競争に終止符が打たれたわけではなく、その後も、各地で開催された博覧会など

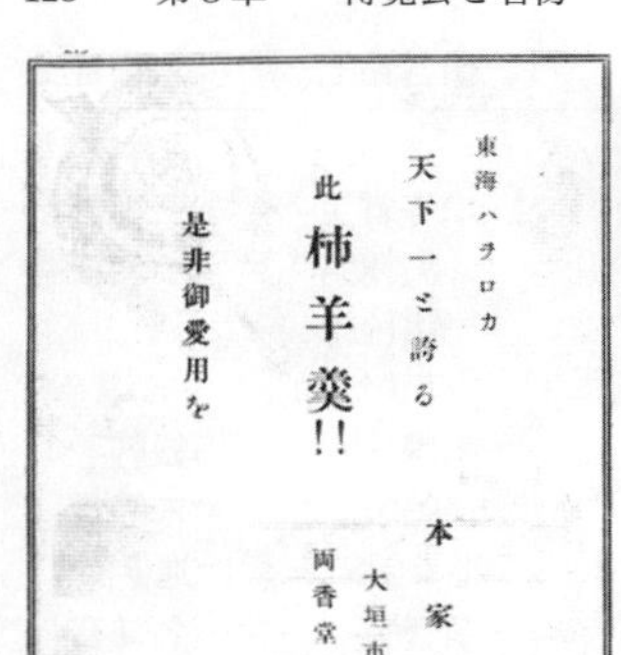

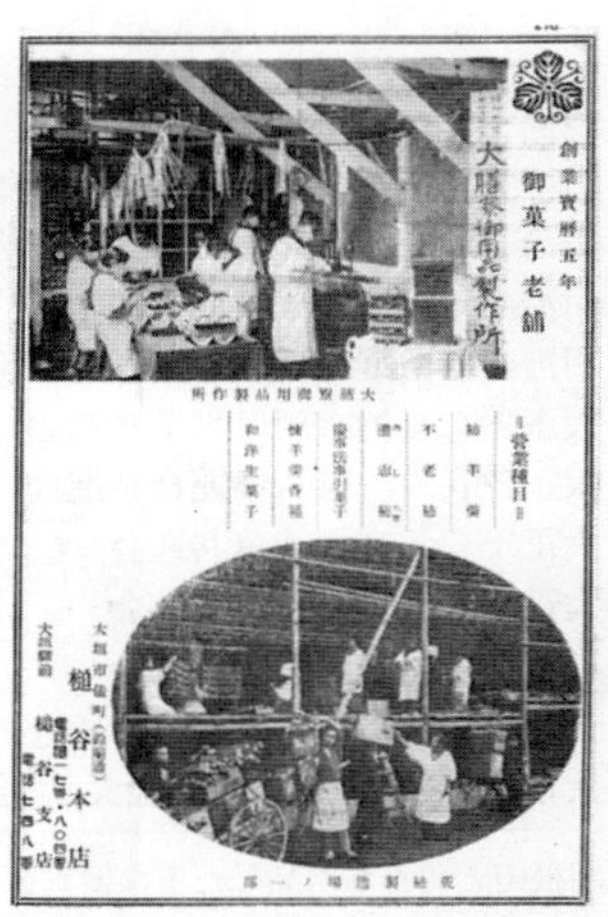

槌谷と羽根田の広告（『東海のほこり』東海商工会議所連合会、1933年）

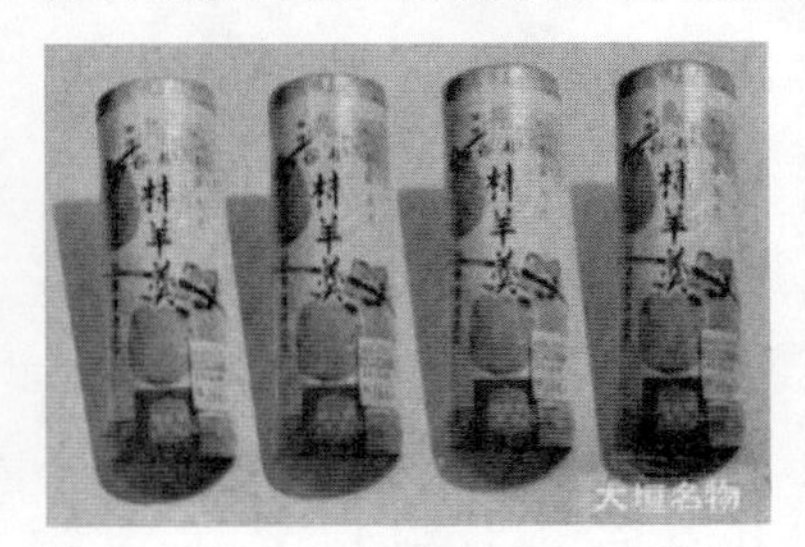

昭和20年代の「柿羊羹」（『岩波写真文庫
21 汽車』岩波書店、1951年）

	会名称	槌谷祐七	羽根田豊三郎
明治28年	第４回内国勧業博覧会	—	進歩賞三等
明治36年	第５回内国勧業博覧会	二等賞	三等賞
明治43年	第10回関西府県連合共進会	二等賞銀牌	二等賞銀牌
明治44年	帝国菓子飴大品評会	一等賞(金牌)	—
明治45年	第２回帝国菓子飴大品評会	一等賞金牌	一等賞金牌
大正２年	神奈川県勧業共進会	銀牌	銀牌
大正２年	一府八県連合共進会	二等賞	二等賞
大正３年	帝国製菓共進会	進歩金牌*	進歩金牌*
大正４年	帝国製菓共進会	名誉賞	名誉賞
大正６年	帝国製菓博覧会	名誉賞	名誉賞
大正11年	平和記念東京博覧会	二等賞銀牌	二等賞銀牌
大正12年	第５回全国菓子飴大品評会	名誉金牌	—

羽根田と槌谷が出品した主な博覧会等（『菓子業三十年史』より作成）
*両者ともに審査員

の場で闘いは続いていくことになった。

主要な博覧会などでは、槌谷と羽根田の柿羊羹が軒並み入賞する状況が続き、激しいデッドヒートが繰り広げられた。中には、大正三年の帝国製菓共進会のように、槌谷祐七と羽根田豊三郎がともに出品者でありながら審査員も務め、双方が「進歩金牌」を受けているような例[83]もあり、果たして公平性が保たれていたのかは疑問も残る。だが、逆にいえば、常に入賞し続けていなければならないほど、競争が激しかったともいえる。こうした状況は、大正時代を通じて続いていたことが確認できる（表）。

明治三十四年五月の『風俗画報』には、「大垣の柿羊羹」と題して「近頃此柿を以て羊羹を製造し。竹の筒に籠めて鬻（ひさ）くもあり。また普通の形ちなるもありて味佳なり」[84]との紹介がされている。明治三十年代には、大垣の名物としてひとまず定着するようになっていたことがわかる。

ここまでみたとおり、明治大正期に盛んに開かれた博覧会を通じて、柿羊羹は次第にメジャーなものとなっていった。大正末期には、槌谷の柿羊羹は年間約五十万本を製造するまでに成長していたが[85]、主要な販売場所としては、大垣駅の構内を、まず第一に挙げることができる。『郷土名物の由来』では、昭和初期の大垣駅での情景が次のように描かれている。

> 汽車が大垣のプラットホームに着くと「名産柿羊羹!!」と流れ出るやうな売子の声を耳にする。名物の柿羊羹!!旅客は待ち兼ねたやうにそれを求めるであらう[86]

柿羊羹が、大垣駅のプラットホームで盛んに販売されていたことがわかる。大正末期の東海道線沿線の名物人気投票では、京都駅の八ツ橋や大阪駅の粟おこしなど並み居る強豪を押しのけて、柿羊羹が最高の得点を獲得している。このころには、柿羊羹は、東海道線沿線でも指折りのおみやげとなっていた。

現在販売されている槌谷の柿羊羹

駅名物得点数
第一等　一一七六点　柿羊羹　大垣駅
第二等　九八八点　八ツ橋　京都駅
第三等　八六四点　粟おこし　大阪駅(87)

変化する環境の中で

現在でも、槌谷は大垣市内で営業中であり（羽根田は岐阜市で営業中）、大垣駅構内の売店では、柿羊羹が販売されている。だが、大垣と聞いて柿羊羹を思い浮かべる人は、今日ではけっして多数派とはいえないだろう。

明治・大正時代の勢いを持続し得なかったのには、いくつかの要因がある。そのひとつとして、大垣駅の位置づけという要素を外すわけにはいかない。大垣という駅は、東海道線の開通により、いきなり東海道交通の拠点として躍り出てきた駅である。その後は、関ヶ原へと続く勾配区間の起点として、長らく機関区が置かれた。つまり、この駅で機関車の連解結が行われることになるわけで、結果として停車時間が長くなり、おみやげの販売にはうってつけの環境が生まれたのである。

しかし、昭和三十年に大垣まで東海道本線が電化されると、旅客列車のほとんどは機関車の付け替えのいらない電車に置き換えられ、停車時間は短くなっていった。さらに、三十九年には東海道新幹線が開業している。東海道本線と異なり、新幹線は大垣を経由しないルートをとることになった。その結果、大垣駅は東海道交通の要衝から名古屋近郊の地域輸送を主体とする駅へと、その性格を変化させていったのである。

このことが、おみやげとしての柿羊羹にどれだけ影響を及ぼしたのかは、直ちに明らかにはできない。だが、少なくとも背景のひとつとして、重要な事実であることはまちがいないだろう。

第4章　帝国日本の拡大と名物の展開

　ここまで注目してきた鉄道や博覧会からは、旅や商品という回路を通じて、おみやげとのつながりが自然に想起される。では、近代の装置のもうひとつの代表格、軍隊はどうだろうか。さすがに、おみやげのような牧歌的なものとは縁遠いと思われよう。

　だが、すでに第1章で吉備団子について述べた折に触れたように、両者は意外に密接な関係を持っていた。本章では、この「意外な取り合わせ」である、おみやげと軍隊・戦争との関係について、より詳しくみていこう。

　近代の日本は、数々の戦争を経験した。その過程で拡大した領域の中で、名物やおみやげがどのような変化を遂げていったのか。こうした視点から、おみやげと東アジア世界との関係も検討していきたい。

近世後期に生まれた宮島細工

　厳島神社のある宮島は、日本三景の一つとして、古くから多くの参詣者を集めてきた。
　しかし、近世の宮島では、おみやげ品の開発や生産にはあまり熱心ではなかったようだ。[1]
というのも、富籤(とみくじ)興行が認められており、これが島民の大きな収入源となっていたためで、

「ただ遊びながら悠々として日月をわたる」[2]ような状況が続いていたという。だが、明治維新後に富籤の特権が廃止されると、島民らの姿勢も次第に改まらざるを得なくなる。明治中期以降には、島を訪れる人々が落とす金で生計を立てることが、宮島では一般的となっていた。[3]

宮島では、千畳閣（せんじょうかく）建設の際に作業員の間食として考案されたといわれる太閤力餅が、近世以来の「名物」として知られていた。だがそれは、明治になっても、基本的には茶屋で食されるものに変わりなく、おみやげとなることはまずなかったといっていいだろう。

近世以来の一般的な宮島のおみやげは、五色箸、白色楊枝といった、かさばらない非食品であった。これらの名物は、天正年間から行われてきたとされる、厳島神社への白色楊枝奉納の風習にあやかって創り出されたものであった。[4]

近世後期には、伊予から宮島に渡り出家した誓真（せいしん）という人物が、土産物とするために杓子（しゃくし）を製造し、次第に島民もこれを模倣するようになった。[5]その後、杓子、轆轤挽物（ろくろひきもの）、厳島彫刻、木匙などの木工品を総称して「宮島細工」と呼ぶようになり、[6]名産品として知られるようになっていった。

宮島細工は次第に生産規模を拡大し、明治二十二（一八八九）年には、轆轤細工十六、飯杓子三十、匙杓子十三など、合計約八十人もの職人を数え、これを販売する物産商店も二十戸に達するようになった。[7]轆轤師についてみれば、明治三十七年ごろには百人を突破し、大正はじめには二百五十人前後に達するなど、[8]宮島細工の生産規模は急激に拡大していった。

その生産体制を支えるため、厳島小学校では、明治二十年以来、児童に対して彫刻を教授し、職人の養成に組織的に取り組んだほどであった。[9]

「杓子は敵をメシトルなり」

こうした状況に拍車をかけ、一挙に生産を拡大したのが、明治二十七年に勃発した日清戦争だった。すでに第1章でも説明したが、将兵の多くが広島の宇品港から大陸などへ出征して行くことになり、広島は戦地への出入り口となったのである。広島とその周辺には、北海道と九州などを除く本州全域から将兵が動員されたので、[10]数多くの将兵が集まることとなった。

広島は、他の地域のような将兵の出発点や通過点ではなく、集合点だった。人々の将兵らに対する態度も、他の地域とは異なっていた。平穏な生活を脅かすやっかい者とみられ、同時に、貴重な収入源となる、金づるともみられていた。[11]

出発にあたり彼らは宮島を訪れ厳島神社に参拝することが少なくなかった。[12]その際土産物店で杓子が売られているのを見て、「杓子は敵をメシトル（飯取る）なり」という語呂合わせから競うように買い求め、彼らが柱に打ち付けていった杓子で、厳島神社の廻廊は溢れんばかりになったという。十年後の日露戦争でも、兵士たちは再び神社に杓子を奉納して戦地へと旅立っていった。[13]

戦争が終結し、将兵たちは宇品へ復員した。そして、それぞれの部隊の所在地に輸送され

千畳閣に奉納された「めしとり杓子」(『安芸宮島写真帖 2冊』瀬田春錦堂、1910年)

る列車に乗るまで、彼らは数日待機するのが一般的である。[14] その間、厳島神社にお礼参りすることもあった。[15] その際、再びこれらを買い求めて、故郷へのおみやげとすることもあっただろう。また、杓子以外では、竹細工なども故郷へのおみやげとして競って買い求めていったという。[16]

戦争便乗のハウツー本

戦争を契機としておみやげ販売が拡大を遂げていくという構造は、宮島みやげの場合のように成り行きにまかせたものだけではなく、各地で意図的に生み出されてもいた。

明治三十七年二月、『戦時成功事業』という書物が刊行された。[17] 発売されたのは、日露戦争の勃発と同じ月である。この本は、日露開戦を前提として、「自ら奇策を案出し苟も新事業を発見し以て実業界の覇王たり、世界の金傑たらんこと」[18]、つまり戦争に便乗した金もうけを露骨に推奨した、いわばハウツー本である。日清戦争の折に、数多くの兵士が動員されたのにともなって、さまざまな商売などが生じたことは、十分に理解されていたのである。

この本では、大陸の地図や会話集の販売に始まり、「早取写真」や「瞬間名刺」の印刷、花札の販売、玉突場、おでん屋、焼き芋屋の経営に至るまで、軍隊の大量動員にともなってその周辺で生じる、さまざまな事業のネタが列挙されている。それぞれについて具体的に解説しているが、その中の一つとして「土産物陳列場」がとりあげられている。

これは、戦地へ赴く将兵やその見送り人を対象として、さまざまな物品をおみやげとして売りさばこうという算段によるものであった。戦地へ動員される兵士や見送り人の中には、生まれて初めて遠くへ旅する者も少なくなかったであろう。そうした「田舎の人の目を歓ばせる」[19]ことが肝要であると、この本は強調している。

その本では、主にこれから出征するという状況を想定している。だが、将兵たちは、戦没することがなければ復員してくる者たちである。帰郷する際にも、故郷へのおみやげを販売する商売が大いに繁盛したことは想像に難くない。

実際、日露戦争終結後の広島市内では、宮島細工をはじめとするおみやげを販売する商店が、活況を呈したのである[20]。その後の推移を知ってしまっている現代の眼からみれば、不謹慎という印象を受けてしまう。だが、数多くの国民が国土の内外を広域に移動する戦争は、結果として、おみやげの知名度を高める機会となったことは、否定できないだろう。

「軍都」に生まれる「軍人土産」

日清・日露戦争という、近代日本が初めて迎えた大規模な対外戦争が、名物やおみやげの生成に大きな役割を果たしたことをみてきた。たしかに、数多くの人員が外地だけでなく国内を大規模に移動し集中するという点では、戦時は規模という点においても平時に隔絶している。

しかし、平時においても、連隊などが置かれていた各衛戍地には、近隣の地域から兵士たちが集まってきていたのである。とりわけ、仙台のような師団司令部が置かれていた「軍都」では、その規模は大きなものとなった。

こうした「軍都」や連隊所在地などには、除隊兵士向けの「軍人土産」を販売する商店が存在していた。[21]これは、郷里の人々から大々的に送り出された兵士たちが、除隊時に持ち帰り帰郷してから配るというものであった。このような習慣は入営者の家族に多くの負担をかけることもあり、その廃絶が長く叫ばれていたが、入営時に郷里の人々から多くの餞別などを受け取ることがある以上、簡単になくなるものではなかった。[22]兵役という「通過儀礼」を終えた兵士たちの、その証明ないし記念という性格もあったからである。

このような観点からすると、軍人みやげは、伝統的なおみやげとしての系譜を踏んだものであったとみることもできよう。なお、こうした場合の軍人みやげとして一般的であったのが、「除隊記念」などの文字が入った盃や徳利である。現在でも、古道具屋や各地の郷土資料館などで、これらを数多く目にすることができる。

海軍の軍港が置かれていた横須賀や呉などでは、軍艦や軍港の諸施設を見学するという観光が盛んであった。そして、軍港を訪れた客を当て込んだおみやげも盛んに作られていた。たとえば、昭和初期の呉市では、海兵団子、軍港煎餅、軍艦煎餅などといった海軍に因んだ菓子類が、軍港の名物として売られていたのである[23]。

明治時代は手工業品が宮島みやげの主役

さて、明治時代の宮島では、挽物、杓子、彫刻などの手工業品の生産額は、菓子類の生産額に比べると圧倒的に多かった。挽物や杓子は、おみやげではなく実用品として、直接全国各地へ出荷されることも多かったという点は考慮しなければならないが、それでもなお、この時期の宮島名産の主流は宮島細工をはじめとする手工業品であったといえる。

手工業品の生産者たちは、組合を結成し、博覧会や共進会にも積極的に出品するなど、組織的に生産や改良に取り組んでいた。しかし、おみやげとしての手工業品は、そのまま隆盛を続けたわけではない。杓子をはじめとする宮島細工の生産自体はその後も繁栄を続けたが、これらの多くは、「特産品」として全国各地に移出されていくようになった。さらに時代を下っては、次第に実用品というより伝統工芸品化していくことになる。近世以来の宮島のおみやげとして珍重されてきた五色箸や白色楊枝は、衰退が著しく、明治三十年ごろに生産が絶えている[24]。このように、おみやげとしての手工業品の地位は浮沈が激しかった。

創出の物語――もみじ饅頭と伊藤博文伝説

現在では、宮島の名物というと「もみじ饅頭」を思い浮かべる方が多いかと思う。だが、その歴史は決して古いものではなく、明治前期には、その存在すらも確認できない。

もみじ饅頭というと、明治時代に伊藤博文が宮島を訪れたとき、茶屋の娘の可愛い手を見て「紅葉の形をしたお菓子を焼いて食べたらおいしかろう」といったことをきっかけとして、作られるようになったとも伝えられている[25]。艶福家として知られた伊藤にいかにも似つかわしいエピソードではあるが、本当のところはよくわからないというのが実情のようだ[26]。ただ、明治の元勲にまつわる伝説によって、もっともらしい由緒が付与されたことはたしかだろう。

高津堂「紅葉形焼饅頭」(同社HP)

明治三十九年ごろ、宮島の旅館「岩惣」の女将が、名勝紅葉谷のもみじの葉をかたどった菓子を、高津常助という人物に依頼して製造したのが、はじまりとも伝えられている[27]。民俗学者神田三亀男は、高津の遺族や岩惣旅館など、関係者への詳細な聞き取りを中心に、もみじ饅頭の由来について調査している。

神田によると、高津は明治十九年に柳井の農家に生まれたが、その後、大阪に出て菓子職人となった。岩おこしなどの菓子の卸売業に転じた後、宮島に定住して、紅葉谷の入り口にある三翁神社近くに茶店を開き、菓子の製造販売を始めている。

開店当初から、岩惣への茶菓子の納入を行っていたが、オリジナルの茶菓子開発の依頼を受けて作製したのが、もみじ饅頭であったという。生地にカステラを使用するなど、当時としてはハイカラなものであった。同時に、商標に神鹿の親子をあしらうなど、「神社菓子」としての色彩も濃厚に持っていた[28]。

明治四十三年七月十八日に、高津常助が「紅葉形焼饅頭」という名称で商標登録を受けたことはたしかなようで、このころにもみじ饅頭の原形がつくられたことはまちがいないだろう。それまでは長らく信仰の島であった宮島は、鉄道の開通や日清・日露両戦争などを経て、信仰だけでない観光の島へと大きく姿を変えつつあった。[29] もみじ饅頭は、そうした時代状況の中で生み出されたのである。

史料の中のもみじ饅頭

明治末期に、宮島饅頭というものが売られていたことは、史料上確認できる。[30] だが、「栗まんじゅうの様なもの」であったという説もあり、[31] その後のもみじ饅頭と、これがどのように関係するのかは、確認できていない。

大正十二（一九二三）年に宮島の名物を紹介した記事では、「紅葉餅」という求肥餅は紹介されているが、「もみじ饅頭」という名は挙げられていない。[32] 別の史料では、大正時代には、饅頭や煎餅などの菓子類がおみやげとして広く売られていたようだが、その起源は「極めて新し」いとされていたという。[33] これらのことからわかるのは、もみじ饅頭は、この時期においては数多くの新たな「名物」のうちの一つであり、けっして代表的な名物とはされていなかった、ということである。実のところ、大正末期に至っても、「厳島は？　さあ何が名物だらう」[34] という声がのこっている、杓子を除いては、宮島の名物にメジャーなものは、まだなかったのである。

明治大正期には、もみじ饅頭を製造していたのは、高津が経営する高津堂一店だけであった。それが、大正末期には、数軒の同業者が出現し、商標などをめぐってトラブルになったこともあるという。どうやら、高津が商標登録の更新をしていなかったことに、その直接の要因があったようだ。[35] この件は最終的には和解に達し、以後、もみじ饅頭の名称は自由に使用できるようになった。[36] その結果、製造業者が次第に増え、昭和戦前期には十二軒を数えるようになっていた。[37] このことは、宮島名物としてのもみじ饅頭の知名度を向上させる効果をもたらしている。

昭和五（一九三〇）年に宮島（現宮島口）駅が発行した『厳島案内』というパンフレットには、杓子や細工物と並んで、「紅葉饅頭」が名物として挙げられている。[38] ただし、あくまでも古くから存在するものではなく、新興の名物であるとみなされていたようである。ともあれ、遅くとも昭和戦前期までには、宮島名物の一つとして一定の地位を築くことができていた、とはいえるようだ。

メディアがもたらした大ヒット

結局、高津堂は戦時中の昭和十九年に材料不足などから廃業し、高津自身も二十六年には死去した。しかし、戦後高津の弟子などが中心となり、もみじ饅頭の製造販売を復活させ、昭和四十年代以降は、機械製造を導入するなど、規模の拡大を遂げてきた。[39]

そして、もみじ饅頭が、今日のように広島県を代表するおみやげとしての地位を確固たるものにした経緯は、周知のとおりである。昭和五十五年、人気漫才師であったB&Bが、もみじ饅頭をネタにしたことが、大きな転機となった。この年には、広島地区の鉄道弘済会売店での売り上げが、対前年度比九・九パーセント増の高い伸びを示したという[40]。後で触れる仙台の「萩の月」もそうだが、この時期から、テレビをはじめとするメディアの発達が、おみやげの盛衰にとって重要な要素となってきたのである。

バナナと北海道

さて、ここからは、「日本」が外へと拡張しようとする中で、おみやげはどういった変転をとげたか、いくつかの事例を追っていきたい。

まずは、北へと視点を大きく移してみよう。明治以降に北海道と呼ばれるようになった地域は、前近代には蝦夷地と呼ばれており、必ずしも完全な日本の領域とは認識されていなかった。それが、日本の領土として画定していくとともに、北海道開拓が進められていく。北海道鉄道敷設法などによる鉄道建設が強力に進められ、炭鉱鉄道を中心とする私鉄も敷かれた。

開拓の進行とともに、内地からの移住者が増加し、北海道での生活を展開するようになった。そうした流れの中で、日本のおみやげ文化も、北海道という新たな領土に浸透していくことになる。その成り行きを追ってみよう。舞台は、根室本線池田駅である。

この駅は、今日では単なる途中駅の一つに過ぎなくなっている。だが、かつて長らく、根室本線と網走方面へ向かう路線が内陸へと分岐する、鉄道の要衝であった。

池田駅は、網走へ向かう北海道官設鉄道の駅として明治三十七年に開業しているが、その翌年に、米倉三郎という人物が、構内営業を許可されている。米倉は、「池田の名物として何か特殊なものを売り出そうと日夜苦心研究に没頭[41]」する。そして、当時は高価であったバナナの風味だけでも味わってもらおうと、バナナ饅頭を開発した[42]。これは、「忽ち旅客の好評を博して意外に良好な売行きを示し[43]」、池田駅を代表する名物に成長していったという。

現在販売されている「バナナ饅頭」

あくまでも風味だけで、本物のバナナではないというのは、現代の感覚からするとずいぶん貧乏くさい印象を受ける。だが、バナナが高嶺の花であったという、当時の状況を反映しているとみることができる。

日本に、商品としてバナナが入って来るようになったのは、基隆（キールン）にいた都島金次郎という人物が、台湾から移入した明治三十六年とされている[44]。これは、いうまでもなく、日清戦争の結果、日本が台湾を領有したことと深く関わっている。

日本で現在売られているバナナは、価格が安く身近な果物である。だが、かつては高価なものであった。価格が下がり、気軽に食べられるようになったのは、フィリピンのミンダナオ島で日本市場向けの専用農場が開発された、昭和四十年代以降のことである[45]。米倉が池田駅でバナナ饅頭を売り始めたのは、日本にバナナが入ってきてからわずか二年後のことである。開拓が本格的に進み始めていた、十勝平野の池田で売られるようになったということ自体、領域が拡大しつつあった日本の置かれていた状況を、如実に表している。

木彫りの熊が名物となるまで

周知のように、北海道の本格的な開発が進んだのは明治に入ってからのことであり、本州以南の各地におけるような意味での名所や旧跡に乏しく、そうした由緒づけが難しい地域である。

大正十二年に札幌鉄道局が道内各駅の概要をまとめた『北海道鉄道各駅要覧』には、北海道各駅の「名物」が記載されている。とはいえ、その多くは、昆布や鮭など地域で産出される自然の物産であり、一般には「特産」のカテゴリーで捉えられるものだ[46]。この頃の北海道には、おみやげとなるような名物菓子はあまり存在していない。その中にあって、十勝平野東端の田舎駅に過ぎない池田駅のバナナ饅頭は、当時の道東にあっては際立った名物であった。

鉄道こそ明治三十年代には開通していたとはいえ、大正に入るころまで、十勝地方での開拓はなかなか安定をみせなかった。観光地としての開発は進まず、みるべき名物やおみやげにも乏しかったのである。

こうした状況を変えていく大きなきっかけとなったのが、国立公園の指定であった。昭和九年に大雪山、阿寒の二ヵ所が国立公園として指定されると、「両国立公園を結ぶ三角状基点」である帯広では、おみやげ品の開発が盛んとなる。ビート羊羹、ビート餅、十勝名勝煎餅、小豆焼などが、「雨後の筍」のように次々と開発されるようになった(47)。

北海道を代表する名産品として、現在までよく知られてきた木彫りの熊も、そうした中で生み出された。尾張徳川家当主徳川義親が、大正十年にスイスを訪れた際に、現在でいうペザントアート（農民芸術）として木彫りの熊が売られていたのを目にしたことが、その端緒であった。徳川は、自らが所有する北海道八雲の徳川農場で、農閑期の産業とすることを思いつき、当地に紹介したものである(48)。つまり、木彫りの熊は、農家の副業として奨励されたものだった。

これとは別に、北海道では、アイヌ細工(49)が明治時代から名産として知られてきた。これはアイヌに伝わる独特の技法による彫刻である。とくに、旭川近郊の近文(ちかぶみ)附近はアイヌの聖地があり、明治・大正期においても多くのアイヌたちが居住していた。彼らは、明治政府によって否定された、自らの土地の所有権を獲得する運動を続けてきたが、大正末期には行き詰まりをみせる。こうした中、八雲の木彫りの熊が近文に紹介され、工芸品として製作され、おみやげとして販売されるようになっていったのである(50)。アイヌの伝統工芸というイメージが強い木彫りの熊だが、形ある生物を具象化することは、アイヌの伝統的な習慣からは外れた行為である。実は、極めて近代的な感覚で造り出された名物であった、ということができよう。

新領土台湾とおみやげ

明治三十六年に開催された第五回内国勧業博覧会は、それまでより規模を増したビッグイベントであったことは、先にも触れた。このとき、日清戦争の結果として新領土に組み込まれたことを反映して、台湾からも多くの出品があった。菓子飴部門では、十九名から二十八点の出品をみている[51]。そのうち、次の五品が三等賞を受賞している。

柚砂糖漬　太田常太郎
薑砂糖漬　余伝臚
李仔糕　朱応賓
鳳梨飴　藍　埈
鳳梨飴　藍高川[52]

鳳梨（パイナップル）飴を除けば、いずれも、柚やはじかみ、すももといった、果実を加工したものであり、菓子というより果物のアレンジといった色彩が強い。
明治四十一年、台湾総督府鉄道部は『台湾鉄道名所案内[53]』というガイドブックを発行して

台湾の名物菓子「生蕃煎餅」（前掲『下戸みやげ名物銘札集』）

いる。そこでは、基隆に始まる台湾島内各駅と、その周辺の名所などが紹介されているが、名物やおみやげについては、ほとんどとりあげられていない。もちろん、そういうものは採録しない方針というだけだったのかもしれない。だが、領有後日が浅く、台湾縦貫鉄道（北部の港町である基隆から台北、台中、台南などを経て打狗（ターカウ）＝後の高雄に至る）がようやく完成したばかりの時期には、こうしたものへの需要も、その供給体制も、まだ育っていなかったと考えるほうが自然である。

それから約三十年後の昭和十五年に、同じく台湾総督府交通局鉄道部が発行した『台湾鉄道旅行案内』では、沿線の名物や土産品が主要駅ごとに紹介されている。そこでとりあげられているのは、珊瑚製品、高砂族の工芸品、名木ステッキ、蛇皮細工といった手工業品が主であった。ウーロン茶、芭蕉飴、ボンタン飴といった食品類もないわけではないが、基本的に保存・携帯がしやすいものが並んでいる。ただし、その中でも、桃園の弁天餅、花蓮港の吉野羊羹といった各地の名物的な菓子類も散見する。特に、台湾中部の都市、台中では、養老饅頭、台中せんべい、台中饅頭、名所羊羹、五州羊羹、日月潭羊羹、桜羊羹など[54]、日本内地も顔負けな名物菓子が目白押しである。

古くから台湾における行政の中心地であった台南などと異なり、都市としての台中の歴史は比較的浅く、本格的な整備がされるのは、日本統治時代以降のことであった。台中が都市として大きく発展していく大きなきっかけとなったのが、明治四十一年十月二十四日に行われた、縦貫鉄道の開通式であった[55]。つまり、台中は、鉄道がその発展に大きく寄与してきた都市であった。

なお、この町では、現在でも太陽餅が名物菓子として知られる。鉄道とのつながりの強さが、台湾の中でも特に名物を発展させた背景の一つにあるのかもしれない。台中をはじめとする台湾各地の主要都市では、大正後期以降、戦時体制期に至るまで、幾度となく名物審査会や品評会が開催され、名物の開発が大いに進められた[56]。

「鄭成功月餅」「孫文餅」の不在

また、『台湾鉄道旅行案内』では、嘉義の呉鳳饅頭のように、歴史的由緒にひきつけた名物も挙げられている。呉鳳は、原住民の首狩りの風習をやめさせるために自らを犠牲にした、という伝説のある清朝時代の役人で、呉鳳饅頭はこの伝説にあやかって名づけられた名菓である。この伝説については、原住民差別を助長するなどとして、近年では、否定的な評価もされるようになってきている。だが、日本統治時代から戦後の国民党政権時代を通じて、長らく美談として教科書などにもとりあげられてきた物語であった。

しかし、戦後の台湾で、呉鳳にあやかって命名された名物菓子というのは、管見の限り見当たらない。こうしたことは、呉鳳に限られたわけではない。台湾や中国華南地域では、鄭成功、孫文にまつわる史跡が至るところに点在している。実際には、それほど関係がなかったとしても、彼らが訪問したことがある、宿泊したことがあるなどと、多少無理やりにでも関連づけて、各地に記念館などが建設されている。それほどまでに、地域の人口に膾炙している人物たちではあるが、それでも「鄭成功月餅」や「孫文餅」などを売っているのを、筆者は見たことがない。

こうして考えてみると、名物に歴史の由緒を求めるということが、東アジアのなかにあっても、日本の大きな特徴ということができるかもしれない。

東アジア世界とおみやげ文化

日露戦争後、日本は台湾以外にも領土を拡大していったが、それらの地域でも、新たな名菓が作りだされた。

前章で触れた菓子飴大品評会にも、金沢市で開催された第二回以降、台湾、朝鮮などの外地から出品されている[57]。たとえば、大正十二年に福岡市で開催された第五回では、関東州大連市から、緑豆をおこしにした「満寿の緑」や高粱(コーリャン)を堅パン状にした「満州の花」などが出品された[58]。なお、大正十五年には、朝鮮の京城で全国菓子飴大品評会が開催されるに至っている。こうして、日本の植民地が拡大していくのに並行する形で、名物菓子が外地へ拡大していったのである。

　また、台湾や朝鮮、関東州といった日本統治下にある地域以外にも、東アジア各地には、早くから数多くの日本人が進出し、定住するようになっていた。その中でも、上海には最も多くの日本人が在留し、居留民社会を形成していた。日本人商店も多く、また、日本から数多くの旅行者が訪れていた。

台湾・花蓮駅の売店（筆者撮影）

　しかし、上海を訪れた日本人たちが、おみやげとして想定していたのは、ヒスイや宝石、紫檀細工など、高価な工芸品が主であり、菓子類などの名物は、考えられていなかった[59]。彼らは、偽物を掴まされるのを避けるなどのために、日本人が経営する商店で購入することが奨励されていた。だが、台湾や大連などとは異なり、名物菓子などが積極的に開発されていたわけではないようだ。

　上海では、租界が設定され、そこには数多くの日本人が生活していた。だが、そうはいっても、戦時中の数年間を除いて、基本的には日本の統治権が及ばない外国である。それが、日本人のおみやげの様相にも影響を与えていたのである。このことには、注視するべきだろう。

戦後の台湾では、より明瞭に事態をみてとることができる。

一九七〇年ごろは、国民党政権による台湾の中国化がほぼ浸透するようになった時期である。このころ、日本人向けに発行された台湾のガイドブックに、台湾のおみやげとして紹介されているのは、竹製品や織物といった「中国伝統の手工芸品」[60]が中心である。食べ物関係では、乾燥フルーツやカラスミ、台湾茶などが並んでおり、日本統治時代に存在したような名物菓子類は、すっかり影をひそめている。

日本統治時代から続く名物菓子が、完全に廃絶したわけではない。また、一九九〇年代以降、再び状況は大きく変化してきている。だが、ここまでみてきた事実は、中国をはじめとする東アジア諸国と比べて、日本のおみやげ文化が特徴的であることを示す、一つの証左にはなっているだろう。

機械化と大量生産

赤福がそうであったように、各地で名物菓子が次々と生まれ、製造業者が増加したという点で、日清・日露戦争のころは、一つの大きな画期となる時期であった。そうなった背景として、いくつかのことが挙げられる。

ひとつは、明治二十九年に菓子税が廃止されたことである。明治十八年の菓子税則制定以来、菓子製造や販売業者には菓子税が課せられるようになっていたが、業界の反対運動などにより、この年に廃止された[61]。

また、台湾を領有するようになってから、島内での糖業の育成が図られた。当初は必ずしも順調に進まず、明治三十年代にはまだ外国糖の輸入超過、外貨の流出などが問題視されていた。それが、明治三十九年に糖業改良事務局を設置するなど改良に努めた結果、明治四十年代には、台湾および内地産の砂糖で、ほぼ国内需要を満たすようになる[62]。

その後、砂糖消費税の増税などにより消費量が伸び悩む時期も続いたが、大正十年頃以降は、消費総額、一人当たり消費量とも目立った伸びを示すようになった[63]。

つまり、日清日露戦争後がひとつの画期となり、さらに、大正後期以降に、観光業や糖業、機械化などの、名物菓子が本格的な展開をみせていく要素が整ったといえる。

他方で、菓子業界の近代化も進んでいた。それまで個人・零細経営が専らであったのが、森永製菓のような近代的な製菓会社も誕生するようになっている。そうして、機械化および大量生産が進展すると、名物菓子の生産にも影響が及ぶようになった。

これまで本書でとりあげてきたのは、近世以来の伝統を汲むか、近代以降観光地や鉄道の展開に合わせる形で発展してきた名物であった。しかし、菓子製造の近代化によって、また別の発展形態があらわれてくる。古くから知られた名所のものというわけではなく、決してメジャーな観光地のものでもないにもかかわらず、全国的知名度を誇るようになった名物が、少なからず登場してくるのだ。

明治に生まれた名物、小城羊羹

さて、ここからは、戦争、あるいは軍隊という存在が、おみやげというものにいかなる光と影をもたらしたのか、みていこう。ここからの主役は、羊羹である。

佐賀市からほど近いところに、小城（おぎ）という町がある。ここは、古くからの宿場であり、城下町ではあるが、著名な名所旧跡があるわけではない。静かで落ち着いた町ではあるが、全国から観光客が数多く訪れるような、メジャーな観光地とはいえない。しかし、この町は、全国屈指の羊羹の生産地として、今日では知られている。

小城では、羊羹が名物として、古来綿々と受け継がれてきた、というわけではない。この地で羊羹の製造が始まったのは、明治に入ってからのことであった。つまり、小城羊羹は、近世以前の流れを汲むものではない。

明治五年ごろ、森永惣吉という人物が、小城で初めて羊羹を製造したとされている[64]。惣吉の父庄助は、鍋島家の御用肴屋や八百屋を営んでいたが、維新後没落していた。

惣吉は、さまざまな事業を試みた。その中で、次第に、羊羹の製造販売に絞り込んでいったようである。惣吉は、製品の品質改良に力を注いでおり、季節の変化にも左右されない保存性の向上は、もっとも大きな課題であった。

森永の作る羊羹の名は、次第に広まっていった。そして、大きな転機となったのが、明治二十七年の日清戦争の勃発である。森永の製造した羊羹が軍隊の酒保（売店）用品として納品されると、「他地方の菓子類は概ね変質腐敗を来す五月雨時に至つても、毫も異状を来さなかった」とされ、注文が殺到するようになったという。その後も、「明治三十一、二年に白羊羹、茶羊羹を発案」し、さらに明治三十五年に開催された全国菓子品評会でも入賞するなど、森永は改良を続けた[65]。こうして、明治三十年代末には、小城のみならず佐賀県の名物として、小城羊羹は、その名を知られるようになっていった[66]。

追従者たちの努力

このころまで、小城で羊羹の製造販売を営んでいたのは、森永惣吉一軒だけであった。それが、明治三十年代に入ると、全国菓子品評会で表彰されたことも与かり[67]、横尾種吉、橋本庄平、柴田長三、山田亀吉、村岡安吉、篠原清次郎らが次々と開業する。大正三年には合わせて二十九軒となるなど[68]、次第に製造業者が増えていった。

村岡安吉は、明治十七年に、小城の米穀商の長男として生まれた。明治三十二年、長崎から来た陣内啄一という人物に製法を伝授され、両親とともに羊羹製造を始めたとされている[69]。こうした経緯からも明らかなように、村岡が参入したのは比較的早い時期であることは間違いないが、小城羊羹自体を創始したわけではなかった。

羊羹製造に参入した村岡は、第十八師団司令部があった久留米に駐在所を置いて、陸軍への食い込みを図った[70]。また、小城駅での販売を始めるなど、森永に追随するように[71]、販路の拡大策をとっていた。さらに、大正七年には、それまで小城駅の構内営業販売権を持っていた業者の一人が、スペイン風邪のために販売権を辞退すると、村岡はこの権利を手に入れ、

村岡の小城羊羹（村岡安廣『肥前の菓子』佐賀新聞社、2006年）

小城駅構内での販売に直接乗り出した[72]。

唐津と佐賀を結ぶ唐津線は、現在は一部非電化単線のローカル線であり、小城駅は、一時間に一本程度、普通列車のみが停車する静かな駅となっている。しかし、かつての唐津線は、石炭輸送で繁栄していた。それだけでなく、筑肥線が開業するまでは、福岡と唐津を結ぶ役割を果たしており、重要路線として位置づけられていたのである。

村岡は、唐津線だけでなく、佐賀、鳥栖、肥前山口（現在の江北駅）など、近隣の主要な駅の構内にも、販売を拡大していった[73]。こうして、販売量の増加だけでなく、知名度の向上が進んでいったのである。

さらに、佐賀市に開業したデパート玉屋と特約して進出を図るなど[74]、新時代に対応した販路の拡張に努めた。玉屋は、小城の隣町牛津で創業した呉服屋であったが、日清戦争に際して佐世保に出張所を設け、海軍から大量の包帯を受注するなど、軍港に近いという利点を生かして成長してきた企業であった[75]。玉屋は、その後も、佐世保、福岡、佐賀に進出してデパート化の進展を図るようになっていた。

生産の近代化と商標の統一

　ここまでの村岡は、森永のやり方を真似ていたともいえる。だが、大正十一年、七千円を投じて工場を建設すると、ここから追従者の域を脱していく。蒸気釜と電動餡煉り機の導入は、とくに重要な機械化の取り組みであった。蒸気釜は、製品を焦げ目なくふんわりと仕上げ、餡煉り機は、従業員を重労働から解放した[76]。また、いち早く銀紙充塡包装を導入し、保存性を向上するなど[77]、機械化と大量生産への志向が、村岡には際立っていた。

　こうして、森永に比べて安価なことを武器に、村岡は次第に売り上げを伸ばし[78]、小城における羊羹業者の中心的な存在となっていく。その後も、村岡は単に販路を拡大するだけではなく、それまで各業者が桜羊羹などと称していたものを、「小城羊羹」として商標を統一した[79]。積極的に卸売りや行商を展開し、大量生産を志向していた村岡にとって、商標の統一による知名度の向上は必要不可欠なことであった[80]。

　また、小城羊羹も当時の有力な菓子類の例にもれず、各地の博覧会にも積極的に出品している。大正十二年に福岡で開催された第五回全国菓子飴大品評会では、「土地の名物なるにも拘らず、多数の出品中一として見るべきもの無きは遺憾なり、同地方当業者は一層の努力を望む[81]」などと酷評されてしまったようだ。だが、こうしたとくに手厳しい評価や、ランクづけによって惹起される競争が、名物の品質の改善に、大きな役割を果たしたことは間違いないだろう。このことは、大垣の柿羊羹に関してみたとおりでもある。

	練物（斤）
1920年	1,164,256
1921年	1,134,308
1922年	1,001,372
1923年	962,520
1924年	838,133
1925年	795,099
1926年	288,200
1927年	823,059
1928年	845,638
1929年	849,028
1930年	817,936
1931年	779,203
1932年	659,546
1933年	677,918
1934年	702,649
1935年	898,518
1936年	903,625
1937年	964,734
1938年	1,013,425
1939年	929,019
1940年	906,917

佐賀県練物（羊羹含む）生産量の推移（『佐賀県統計書』各年度版より作成）

由緒を欠いた発展とその後

このように、小城羊羹は、鉄道や軍隊、博覧会、デパートなど、近代的な装置をフルに駆使して急速に名物化していった菓子であった。だが、それだけに、近代的な社会システム変動の影響を、より直接的に受ける傾向がある。大正末期に断行されたいわゆる宇垣軍縮により第十八師団が廃止されると、小城郡内の菓子生産額は急激に落ち込んでしまう。この減少傾向は、十年ほどにわたって続いた。[82]

その後、昭和十年ごろから、生産量は回復傾向を示すようになる。日中戦争勃発後も、堅調な水準を維持したかにみえたが（表）、それも長くは続かなかった。

遅くとも昭和十六年には、深刻な原材料の不足に見舞われるようになる。さらに、この年には駅への納入を打ち切られるなど、原材料と販売ルートの確保に苦心するようになった。[83]

この苦境を打開すべく、昭和十八年には海軍の軍需工場の指定を受けるとともに、佐賀慰問品販売有限会社を設立して、慰問袋に小城羊羹を入れたセットを販売するなど[84]の施策がとられた。結局、こうした努力によって、戦時中のほぼ全期間を通じて、村岡はなんとか羊羹の生産と販売を続けることができた。(85)

村岡は、小城羊羹の創始者ではなかった。だが、軍隊や鉄道、デパートといった近代的な装置を十分に活用することによって販路を拡大し、機械化によってその需要を満たすだけの生産量を確保し、さらには「小城羊羹」としてのブランドを向上する役割も果たした。しかし、名所や由緒に結びつかず、近代的な装置に直接的に結びついて発展してきたことは、「小城の名物」としての色彩を、相対的に薄める影響をもたらしたとみることもできる。昭和十年ごろには、「小城町でも作られている」(86)とも指摘されるようになっている。

成田山新勝寺の門前町に生まれた菓子

成田の栗羊羹も、その盛衰が戦争と結びついている。

成田は、成田山新勝寺の門前町として、とりわけ近世以降大きく発展してきた。参詣者の増加にともなって、門前町では、参詣者を相手としたおみやげが売られるようになっていった。

成田では、一粒丸や消毒丸といった万能薬が、長らく名物として知られていた。(87)また、成田からの帰路に、行徳で干しうどんや蒟蒻(こんにゃく)などをおみやげとして買い求めることも、少なくなかったようだ。(88)いずれにせよ、腐らず持ち運びに便利ということが、ここでも重要な要素であった。

成田山一粒丸（2013年撮影）

やがて、「いちごおこし」という菓子が、成田の代表的な名物として知られるようになった。

もともとは、成田不動に参詣する人々に対して、周辺で産するイチゴを売っていたようである。これにあやかって、イチゴの季節以外でもイチゴ風の菓子をおみやげとして売り出したのが、その始まりであったとされている。[89]成田不動にその由緒が結びつけられた名物であったが、その実態は、「長さ五、六寸の紙袋に赤と白の丸いおこしを入れたもの」[90]で、本物のイチゴなどはまったく使っていなかった。

近年、本物のイチゴを乾燥させたものを用いたいちごおこしが、各地の和菓子店などで売られているようだが、この成田のいちごおこしは、色合いがイチゴを思わせる、というだけの代物であった。明治十八年の段階で、「粗製にして味なく」[91]と評されるような有様であり、その実態は、「名物にうまいもの無しの諺にもれぬ、味のない」[92]ものであった。そこで、「広く諸人の嗜好（このみ）に適し販路益々開け」るような「改正名物」の出現が、当地で待望されるようになっていたのである。[93]

こうした中、永楽堂菓子店は、新勝寺の精進料理である、栗を用いたあつものにヒントを得て、[94]生栗を使ったむし羊羹を創出する。明治十四年ごろから、毎年秋冬の時期に売り出していたようだ。

羊羹製造に進出した米屋

明治三十年に成田鉄道が開通すると、東京から日帰りで参詣できるようになる。参詣客にとっては、それまで宿泊などに充てていた費用を、おみやげの購入にまわせるようになったことになる。[95]その影響もあり、大煎餅、蒟蒻など、さらに多くの名物が生み出されるようになった。[96]栗羊羹も、当初は腐りやすいとされていたが、保存性や味の改良が進むことで、[97]次第に成田名物の筆頭に挙げられるようになっていった。[98]

成田で代々米穀商を営む米屋の長男として、明治十二年に生まれた諸岡長蔵は、明治三十二年、彼の祖父が風邪をこじらせた際にもらったお見舞いの大量の砂糖の利用法として、羊羹の製造に進出したとされている。

このような経緯からも明らかなように、現在は新勝寺門前町の代表的なおみやげの一つとされている栗羊羹も、実は、近代になってから生み出された名物であった。諸岡は、その創始者ですらなかったのである。

明治四十年ごろまでは、まだ「元祖」を名乗る栗羊羹製造業者が、多数しのぎを削っていた。[99]こうした中、諸岡は、呼び売りや掛け値販売をしないなどの方式が功を奏したこともあり、次第に売り上げを伸ばしていったという。[100]また、明治三十六年には成田羊羹同業組合を設立するなど、業者の組織化にも積極的に取り組んだ。

さらに、博覧会にも積極的に出品し賞を受けるだけでなく、[101]明治四十年に上野で開催された東京勧業博覧会では、売店を出店し「腐敗の虞なく風味甘美」という評価を受けるなど、[102]知名度の向上に努めた。

成田町の主要産業として

こうして、明治三十八年には、一日四百本程度であった生産量が、明治四十年代に入ると、多い日で約四千本となり、明治四十五年正月には、ついに六千本を突破、製造数を急激に増加させていった。[103]

生産量の急増に対応する形で、諸岡は、明治三十八年十一月には自宅裏の工場を拡張し、大正六年八月に工場に大釜を設置した。[104]大正十一年二月には二重釜を据え付け、大正十四年十一月に新たに工場を増設するなど、大量生産に対応する体制を、次々と整えていったのである。

このような動きは、昭和に入って京成電気軌道が成田まで全通して以降、より著しくなる。昭和八年には製造工場、九年には包装工場、十一年には羊羹折工場、十二年には店舗と、毎年のように新増築を繰り返していった。[105]その過程で、米屋だけで成田町全体の羊羹生産高の過半を制する状況になった。[106]諸岡の資産も、大正末年で総額約五十万円、毎年の直接国税納税額が千九百円に達し、貴族院多額納税者議員互選資格を有するなど、すでに千葉県でも有数の資産家となっていた。[107]

新勝寺の門前町として発展してきた成田町は、大正初年の時点で、菓子類の年産額が二万五千円に達するなど、[108]他の産業に比し圧倒的な地位にあった。昭和に入ると、年産額が二十六万円と十倍以上に成長している。この時点でも、成田町の他の工業を合わせた年産総額が三十六万円であったので、菓子産業は、経済上圧倒的な位置を占めていたことがわかる。[109]

鎮護国家、戦勝祈願の寺

新勝寺は、平将門の乱平定のために不動明王を祀ったことが、その開山であったとされているように、鎮護国家や戦勝祈願と深くかかわっていた。近代になっても、日清日露戦争をはじめとする対外戦争に際しては、軍人や部隊の参拝が相次いだ。[110]

日中戦争勃発後は、将兵やその家族の武運長久祈願が、激増するようになった。[111]昭和十三年三月から六月にかけて行われた成田山開基一千年記念祭は、日中戦争勃発前から計画されていたものであったが、結果として戦時下での開催となった。開帳の初日である三月二十八日には、約五万人の参列者があり、成田の商店街ではその前日と合わせると、五十万円の売り上げを記録した。[112]

日中戦争開始前の時点で、米屋はすでに一日平均二千本、最大で二万本の羊羹を生産する能力を有するようになっていたが、[113]記念祭期間中は一日平均三万本、多い日には四万三千本に達するようになっていた。[114]この年の京成電気軌道、国鉄ともに成田駅での乗降客は大幅な増加をみせたが、[115]その後戦時下においても成田山への参詣客は大幅な増加を続けた。[116]

戦時体制期においても心身の鍛練や神社の参拝、奉仕などを名目として、各地の観光地の訪問客は急増していた[117]。新勝寺はとりわけこの時期に戦争の推移と深くかかわる形で、発展を遂げていったのである。

戦地で人気の慰問品

戦争の進行は、米屋羊羹の動向にも大きな影響を与える。米屋では、遅くとも昭和十年ごろには、通常の栗羊羹に加えて、保存性を大幅に高めた缶入りの羊羹の開発を進めていた[118]。そして、日中戦争が勃発すると、この缶入り羊羹をはじめとした自社製の羊羹を、慰問品として積極的に戦地に送るようになった[119]。

戦地では激しく体力を消耗するためか、一般的に、羊羹のような甘味品が好まれる傾向にある。海軍の各艦艇に食料品を補給していた給糧艦間宮に至っては、職人が乗り込み、艦内で羊羹の自家製造を行っていたほどだ。日中戦争でも、羊羹は非常に好まれたようだ[120]。戦争が始まって数ヵ月後の、昭和十二年十月に行われた戦地の兵士の座談会では、

戦時中の米屋羊羹の包装（右）とポスター（左）（『米屋一〇〇年の歩み』米屋、1999年）

「何といつても羊羹だよ」
「成田の羊羹を思ひ出すよ、あいつは甘いからなあ」
「良いお茶で羊羹が食ひたいネー、たつた一切でいいよ」[121]

というような会話が交わされている。これほど、羊羹に対する欲求は強いものがあった。この座談会は、東京市内出身者を対象としたものであったので、この時点でも、成田の羊羹がすでに人口に膾炙する存在であったことがうかがえる。慰問品として、戦地で全国各地の兵士の眼に触れることが、その後の知名度の向上に寄与したことは、想像に難くない。

戦時体制下に各地で増える観光客

戦時体制期は、旅行をはじめとする行楽が厳しく制限され、観光地におけるさまざまな需要が冷え込んだ時代という認識が広くなされてきた。しかし、近年では、こうした戦時体制期の行楽のイメージの見直しが進んできた。[122]

その影響で、各地の名物の需要は伸び、赤福や吉備団子はおよそ四十万円、八ツ橋に至っては全体で二百万円の売り上げを誇るようになった。静岡駅の山葵漬も、一日当たり三千から五千個、一年で約二百万個の売り上げにのぼっていた。[123]

日中戦争以来継続していた各地の行楽地・観光地の好況は、日米開戦後もしばらくの間続いている。たとえば、成田が属する千葉県では、京成電軌が開発した谷津遊園が、昭和十八

年に戦前における最高の売上高を記録した。(124)

砂糖、米の供給減と海外需要の急減

しかし、食べ物に関しては、臨時米穀配給統制規則、米価対策要綱、米穀管理規則があいついで出されるなど、遅くとも昭和十六年ごろには、過酷な状況になっていた。

昭和十六年八月に富山県を旅行した宮脇俊三は、当時を振り返って後に次のように記している。

宇奈月の土産物屋を物色したが、売っているのは郷土玩具や絵葉書ばかりで、羊羹などはなかった。すでに地方でも甘いもの、腹のたしになるものは店頭から姿を消していた。(125)

福井駅で売られた興亜餅のような粟を主原料とした餅や、甘藷から作った餡を用いた代用食の名物も売り出されるようになった。(126) 特に、米や砂糖を原材料に使用する菓子類の状況は深刻であった。全体が米からできている草加煎餅などはもちろんのこと、(127) 八ツ橋や吉備団子のような菓子でも、昭和十六年には、生産量がすでに十五年の数分の一に落ち込んでいる。(128)

砂糖配給量の減少に伴って、菓子業者の整理が進められ、約十万から八千八百へと、数を減らしていった。(129) 赤福は、原料が十分に手に入らなくなった昭和十九年から二十四年まで、製造自体を中止している。[130] 戦時期に生産が続けられたのは、軍需工場として指定され、原材料の特配を受け、軍への納入を行っていた、虎屋や村岡総本舗など少数の業者に限られた。危機の要因は、材料不足だけではなかった。すでに始まっていた欧州での第二次世界大戦と日米関係の悪化は、海外需要の急減に結びつく。それまで、多くを外国人観光客や輸出に依存していた彫刻や細工物など手工業品も、存続の危機にさらされるようになった。先に触れた、北海道の木彫りの熊なども、急激な需要の減少に悩まされている。[131]

戦後の成田米屋——鉄道への進出、銘菓展への出品、自衛隊への着目

成田の米屋は、昭和十九年に入ると休業を余儀なくされるようになったが、[132] 戦後に羊羹の製造を再開する。昭和二十五年三月には、鉄道弘済会品評会に出品し、最優秀賞を獲得している。これをきっかけとして、鉄道での販売に進出するようになった。昭和二十六年度に百六十万円であった鉄道弘済会への納入額は、六年後の昭和三十二年度には四千万円を突破するなど、鉄道での販売は急増している。[133]

また、全国の防衛庁共済組合の売店への納入を展開するようになった。[134] 激しく体力を消耗する軍事組織の構成員が甘い物を好むということは、すでに日中戦争中の慰問品の送付などを通じて、米屋が会得していた経験則なのかもしれない。

さらに、昭和二十五年十一月には、三越で開催された全国銘菓復興展示即売会に出品している。全国の名物菓子を集めたこの催しは、以後全国銘菓展として定期的に開催されていくようになるが、各地で開催されるたびに米屋の羊羹の知名度は全国に広がっていくようになった。また、三越を皮切りに白木屋、髙島屋、松屋など、東京都内の各百貨店とも取引を開始するようになった[135]。

鉄道構内販売への参入や、デパートや軍事組織への納入といった手法は、すでに紹介した小城羊羹の村岡総本舗がとった手法に酷似している。そして、諸岡が取り組んだのは村岡に比べれば遅く、いずれも戦後に入ってからのことであった。とはいえ、銘菓として全国的な知名度を獲得していったことはまちがいない。

八ツ橋が日清・日露戦争で慰問品として大量に戦地に送られたことや、小城羊羹が酒保に納入されるようになったことが大きく発展していくきっかけのひとつとなったことは、軍隊とおみやげ品の普及の間に深い関係があることを示している。

機械化と画一化とのジレンマ

これまでみてきたように、共進会、博覧会、同業組合といったさまざまな装置を通じて、各地でおみやげ品の改良が図られてきた。これは、粗悪品を排除し、できるだけ品質を一定させることをめざした動きであった。ところが、これらの取り組みは、おみやげの画一化を促進するという役割も、同時に果たしているのだ。

明治初期に日本を訪れた動物学者エドワード・モースは、

日本で名所として知られている多くの場所の土産物は、必ずそれ等の土地に密接した所から蒐集した材料でつくられる。我国に於ては、ナイアガラ瀑布、バー・ハーバアその他で、何千マイルも遠くから運んで来た、従ってその場所と全く無関係な品物が、土産物として売られる。[136]

として、日本の名所で売られるおみやげが、その土地の材料を使用して作られていることに驚いていた。だが、おなじ明治期のうちに変容していく。箱根細工や江の島の貝細工も、すでに明治後期には、その材料の多くを日本全国各地に求めるようになっていた。[137]

箱根旧街道沿いの畑宿（はたじゅく）などでは、木材を加工した細工物が、古くから名産として製造販売されていた。明治以降は、横浜に近いということもあり、政府や神奈川県の保護奨励を受け、外国人向けの製品の製造販売に力を注いだ。[138] また、国内でも、箱根だけではなく全国各地の名所旧跡や温泉場に、箱根から製品を広く供給するようになる。[139] こうして、明治三十年代には箱根名産の細工物を総称して、「箱根細工」と呼ぶようになっていった。[140]

その一方で、事業の大規模な展開によって、すでに明治中頃には、早くも周辺地域の原料が枯渇してしまう。しかし同時に、[141] 東海道線など鉄道の発達により、北海道を含む全国各地から原料の確保が可能となっていた。製造場所も、箱根から、小田原など交通の便利な周辺地域に、その中心を移していった。[142]

箱根物産問屋から、各観光地のおみやげ品店など全国の小売店や輸出業者などへの、国の内外にわたる流通網の整備も進んだ。[143] 鉄道をはじめとする交通機関の近代化は、物流の広域化をもたらしたのである。だが、同時に、地域特有の産物という意味の希薄化も、すでにもたらしていた。

老舗雑誌『旅』の問題提起

画一化、均質化の動きに対する異議も、早くから唱えられてきた。

大正十三年、日本旅行文化協会が旅行情報雑誌『旅』の刊行を始める。旅行に関する情報の商品化が、本格的に進行し始めるようになっていたのだ。そして、この雑誌が、画一化について警鐘を鳴らしている。

たとえば、昭和十四年の記事をみてみよう。栃木県のある観光地では、塩原や鬼怒川といった近隣の観光地だけでなく、雲仙、箱根、登別など、遠隔地向けのステッキや細工物が作られていることが取り上げられた。[144] ここだけで、全国の著名な郷土みやげが手に入るような状況が報告されているのである。

この栃木のケースは、当時全国で展開されていた、おみやげ品製作の講習会の影響であったとされている。だが、この記事は、「講習は基礎を教へるものであつて、教はつた通りに寸分違はぬものを郷土に帰つて作るのでない[145]」と批判をしている。

こうしたことは、おみやげの製作者や販売者側にのみ原因があるわけではない。製造業者の一人が、「この土地は近在のお客が多いので、良心的のものをつくつても売れません。他所で大量に出来るペンキ塗りのものが一番よく売れますよ」[146]と語っているように、購入する側がそうしたものを求めていたことにも、ひとつの要因がある。
もうひとつの見逃すことのできない要素が、地元産業の振興などの観点から推進されるようになった、さまざまな改良の取り組みである。行政や組合が、品質の向上をめざして各種の指導を行った結果、品質の向上と同時に、均質化を招いてしまったことは否定できない。

増殖する「レールもの」

こうした傾向は、戦後もさらに進展していく。
昭和二十三年の全日本観光連盟によるレポートでも、同様の状況が指摘されている。「松島で売っているものも、日光で売っているものも、箱根や宮島や別府で売っているものも全く同じ」であるとしたうえで、「我が国の土産品について一番うんざりさせられるのは何処の観光地へ行ってもその土地の土産品がきまったようにステッキだとか、盆だとか、貝細工だとか、それも相談したように、殆んど同型乃至類型のものであることである。そして、それらが半ば埃にまみれ、色褪せたまま店ざらしになっているのを見るといかにも情けない思いがする」と述べている。[147]
ある観光地で売っているおみやげが、それ以前に訪れた別の観光地で売られていたものと、まったく同じものであった――こんな発見をするのは、たしかに興ざめなことである。しかし、本書ですでにみてきたように、おみやげに必要とされる大きな条件が、その土地を想起するということにあるのだとすれば、別にその土地特有の物産でなくとも、その土地をイメージできるものなら、何でもよいということもできてしまう。

こうして、名前が異なるだけで中身が同じ饅頭などが、増殖していくことになる。大量生産され、レッテルだけ貼り替えた観光みやげを観光業界では「レールもの」と称するらしい。[148] こうした用語が当てられるほど、業界筋では一般的なことになったのである。

工芸品の衰退

一方で、現在貝細工をはじめとする各地の工芸品の置かれた状況は、非常に厳しいものがある。たとえば、江の島の貝細工について、美術史家の木下直之は、次のように述べている。

参道に面した土産物屋の店先に、今でも貝細工は並んでいる。しかし、買い手は滅多にないという。買って帰ったところで、それを飾る場所は家の中のどこにもないし、こうした細工を面白がる気持ちを、もはや誰も持ち合わせてはいないだろう。貝細工の居場所は、埃をかぶったショーケースの中にしかない。[149]

江戸時代の終わりから明治にかけて、各種の技巧を尽くした「造り物」が盛んに作られ、江の島でも参詣客が喜んでこれらを買い求めていた。木下は、幕末から明治にかけて隆盛を極めた、こうした「造り物」というジャンル自体が衰退していったことに、その大きな要因を求めている。[150] 北海道では、木彫りの熊などといった民芸品も、最盛期の一九六〇年代に旭川市だけで五十億円超ともいわれた販売額は、二十一世紀に入るとその十分の一程度に落ち込んだとされている。重くてかさばる、家に飾る場所がないといったことに、その衰退の大きな原因が求められている。[151]

「地域限定商品」普及の背景にある「安心感」

多くの人々の嗜好やセンスが変わったことは、たしかに大きな要因であろう。だが、地域性の希薄化も見逃すことができない要素であろう。

手工業品や食品類に限らず、同一・同質の商品が展開していくという傾向は、高度成長期以降、さらに進んだ。たとえば、昭和四十年代後半、山中湖で売られている土産物の半分近くが、東京や長野、静岡など県外からの移入に頼るようになっていた。[152] こうした流れの中、長野県長野市のタカチホや鳥取県米子市に本社を置く寿製菓のように、おみやげ用に全国的に販路を展開する菓子メーカーも、大きく成長を遂げてきた。

昭和二十四年に創業したタカチホは、当初は食料品から衣料や玩具などの販売を手がけていたが、昭和二十六年から、善光寺門前町で手ぬぐいなどの販売を手がけるようになる。そして、昭和三十年代以降は、本格的におみやげの卸売りを展開するようになった。

さらに、製菓工場を建設し、自社での製造販売も開始して、全国展開するようになってい

ジャイアントポッキー夕張メロン（2013年撮影）

る。[153]同社では、「営業所が販売元なので中身が同じでもパッケージを地元向けに変更したり、ラベルに販売店と同一地域の住所を記載できる」[154]として、全国各地の観光地などに商品を提供している。

一方、昭和二十七年に創業した寿製菓は、当初から菓子の製造販売を行っていた。それが、同じく昭和三十年代に入ると、観光みやげ部門へも進出をはかるようになっていった。「因幡のうさぎ」など、地元の名菓を手がけていたものが、昭和五十年代以降、全国にも事業を展開するようになっている。[155]

近年、全国至るところで、「プリッツ　沖縄　黒糖味」や「カール　山梨　ほうとう味」などといった、大手菓子メーカーが開発した地域限定商品を目にするようになった。[156]これらは、ここまで述べたような心理を背景にして、誕生したものであるといえるだろう。

地域限定菓子は、グリコが平成六（一九九四）[157]年三月に北海道で発売した「ジャイアントポッキー夕張メロン」が、その嚆矢であるとされる。当初から、北海道や長野といった、観光客が多い地区を狙い、地元のおみやげ品問屋を通じて流通させていった。[158]

これらは、各地域の特産品を材料に用いたり、売り場を駅や空港に限定したりして、その土地に特有のものであることを打ち出しつつも、基本的には全国共通のお馴染みの味覚がベースとなっている。おみやげを購入する人に安心感を与えるという効果をもたらしていることが、こうした商品が伸びてきた背景といえるかもしれない。ナショナルブランドの地域限定商品は、その土地を記念するという役割も果たし、なおかつ中身も安心できるというわけだ。おみやげに求められている機能を兼ね備えているともいえるだろう。

第5章　温泉観光とおみやげ

　これまで、鉄道、博覧会、軍隊を通して、近代日本の名物・おみやげについて考えてきた。だが、名物やおみやげというものは、そもそも、人々の旅に付随して生まれてきたものである。本章では、旅、とくに温泉旅行に着目して、近代のおみやげの形成をみていきたい。

　現在、旅や旅行といえば、たんなる観光だけではなく、趣味や嗜好に応じたさまざまな形態がある。豪華客船による世界一周クルーズのようなものから、日本各地に点在する「道の駅」めぐり、はては、稲刈りや陶芸などの体験ツアー……数え上げればきりがない。だが、高度成長期に至るまで、近代の日本人の旅のうち、温泉旅行は相当の比重を占めていたのである。

長期滞在の湯治場

　現在、日本各地には温泉地が点在し、観光地として多数の観光客を集めている。温泉地の様相は、時代によって大きく変化してきているが、熱海や箱根、道後や城崎といった温泉の名は古くより知られており、古くから観光地として続いてきている――というように、一般に思われがちである。

たしかに、多くの温泉地は長い歴史を持っている。しかし、それらの大半は、長期間の滞在を前提とする湯治場であり、交通僻地が少なくない。したがって、物見遊山で訪れることは、けっして容易なことではなかった。そうした意味で、物見遊山の客などを多く集める「名所」としての温泉の歴史は、かならずしも古いものではない。

明治初期、もっとも多くの入湯客を集めていたのは道後温泉である。それに続くランキング上位は、武雄（佐賀県）、山鹿（熊本県）、浅間（長野県）、霧島（鹿児島県）、渋（長野県）、二日市（福岡県）といった具合である[1]。少なくとも、現在一般的にイメージされる温泉地の分布とは、大きく異なる姿であることは、はっきりとみてとれる。

この時期にも、多くの温泉ガイドブックが刊行されている。だが、そのほとんどが、比較的長期にわたる療養目的の湯治を念頭に、編集されている。観光目的で、短期間訪れるような客はあまり想定しておらず、おみやげとする名物の記述も、けっして豊富ではない。

昭和から観光化が進展

大正時代になると、トップが道後温泉であることは変わらないものの、城崎や別府が二位、三位に浮上したのをはじめ、明治初期には二十三位であった伊香保がベストテン入りするなど、順位は大きく変動する[2]。

順位を大きく伸ばしてきた温泉は、城崎は山陰線の開通、別府は大阪商船による航路の拡充など、いずれも交通網の発達に大きく負っている。新興の温泉地は、従来からあった湯治場とは異なり、滞在期間が比較的短い「保養遊覧」を目的としていることが、少なくなかった。こうして、観光地としての温泉が次第に生まれてくるようになる。だが、とはいえ、大正時代においては、多くの温泉地は観光地化の前の段階にとどまっていた。[3]

その後、昭和初期にかけて、一部の温泉地で観光地化が進行していく。観光化した温泉旅行は、それまで主流であった長期間にわたり逗留する湯治とは異なり、短期間の宿泊が主流を占めるようになっていった。そうして、高度成長期までには、温泉旅行は、旅行目的としてもっともポピュラーなものとなった。

遠いままの伊香保温泉

伊香保温泉は、古くから温泉地として知られてきたが、近代以前は、決して便利とはいえない場所であった。そして、鉄道の時代となってからも、伊香保とその地をめぐる名物の行く道は、平坦なものではなかった。

伊香保といえば「石段街」で、三百六十五段の石段があるこのメインストリートは、訪れる者に強い印象を与える。そして、すでに明治時代には、旅館の他に数多くの物産店が軒を連ねていた。また、石段街を登ったところにある伊香保神社を経て、さらに奥にある湯元に向かう湯元通り沿いにも、数多くの店舗が立地していた。[4]だが、その多くは手工芸品を扱う店舗であり、名物菓子など食品類を扱う店は決して多くはなかった。[5]

明治十七（一八八四）年六月二十五日、現在の高崎線が、日本鉄道の路線として開通する。その約一年後の十八年八月には、伊香保帰りの客などをあてこんで、高崎の業者が真砂饅頭なるものを発売している。

今度上州高崎連雀町の近田喜兵衛方より売出した新製真砂饅頭は伊香保帰りなどの土産物には宜き思ひ付きなり[6]

明治三十二年に発行された、日本鉄道沿線のガイドブックである『日本鉄道案内記』にも、「近田饅頭は味美にして都人の口に適せり[7]」としてとりあげられている。同書では、各駅での名物菓子の類は基本的には紹介されていないのだが、これが特にとりあげられていることから、それなりに注目される存在となっていたことが窺われる。

しかし、高崎までは鉄道がわりあい早いうちに開通したものの、その先にはなかなか至っていない。伊香保の最寄り駅は、この時点では高崎である。そこからはかなりの距離があり、人々が訪れるには、依然として多くの時間を要していた。したがって、伊香保からのおみやげとしては、日持ちのしない饅頭などの菓子類は不向きであった。

つまるところ、日本鉄道の開通は、伊香保の発展にとっては決定打とはならなかった。その一方で、直接鉄道の沿線に当たるようになった磯部温泉には、大いに利益がもたらされていた。地元の有力者であった大手万平の主導のもと、桜並木の植樹や停車場の誘致など、温泉地としての開発が進む。この時期には、磯部煎餅が名物として販売されるようになっていた。[8]磯部は、鉄道沿線に当たるという機会を捉えて、温泉地としての売り込みを図るとともに、新たなおみやげも創造していたのであった。

文芸の中の伊香保

その後、徳冨蘆花の小説『不如帰』の舞台となったことをきっかけとして、伊香保は全国的な知名度を獲得する。[9]明治三十三年に初版が刊行された同書は、すぐさまベストセラーとなり、その後、数多く演劇化、映画化される。そうして、昭和戦後期に至るまで、多くの人々にとって親しみ深い作品となった。

明治から昭和初期にかけて活躍した劇作家長谷川時雨にも、伊香保についての記述がある。自らの少女時代である明治二十年代には、伊香保での湯治から帰ってきた女たちから湯の花染めや糸巻き、簪などといった手工芸品をおみやげとしてもらうことが常であったと回想している。[10]その当時は、すでに高崎や前橋まで日本鉄道が開通していたが、前述のとおり東京などの大都市から伊香保への行程は、決して気軽なものではなかった。軽くて持ち運びのしやすい非食品が、おみやげとされることが多かったことは、長谷川の述懐からも窺える。

戦前の伊香保（鉄道省編『温泉案内』博文館、1940年）

温泉饅頭の誕生

こうした状況は、明治末期ごろから変化を始めた。明治四十三年、東京の風月堂で修業した半田勝三が「湯乃花饅頭」を開発し、伊香保神社下の明神下に店舗を開設して販売するようになったことが、その一端であろう。湯元通りに住んでいた須田逸平という人物が、「伊香保温泉の自慢できる土産品を作ってみないか」と、半田に勧めたことが発端だった[11]。これが全国の温泉地で目にする「温泉饅頭」の嚆矢であったとされているが、史料的に確証があるわけではない。また、須田についても、そのプロフィールは不明である。

湯乃花饅頭が開発された明治四十三年という年は、電気軌道が渋川を経由して伊香保まで開業し、東京などからの利便性が格段に高まったという点で、画期となる時期に当たる。田山花袋が、「電車の出来ない以前は、渋川から伊香保まで三里の間、旅客は、赤城の大景を背後にしつつ、徒歩なり駕籠なりで上つて行つた[12]」と記しているが、電車が開通することで「伊香保は非常に開け」「東京から行くのに、些の不便を感じない」ようになった[13]のである。

こうした環境の変化が、温泉饅頭という比較的日持ちのしない名物おみやげの、誕生の前提であったことはまちがいない。

未だおみやげの主役たりえず

とはいえ、この湯の花饅頭が、ただちに伊香保を代表する名物に躍り出たわけではない。明治四十四年に刊行されたガイドブックには、次のようなものが伊香保名物として記載されている。

湯花／湯花染／鉱泉化石細工品／轆轤細工品／あけび蔓細工品／鉱泉飴／鉱泉煎餅／伊香保筆[14]

これは、あくまで一例だが、大正時代に出版された他のガイドブックを通じて見ても、温泉饅頭の類をほとんど見出すことができない。

ようやく、大正十五（一九二六）年発行のガイドブック『伊香保温泉案内』に、半田が開業した勝月堂の「湯の花饅頭」の広告が掲載されている。[15] 遅くとも、大正時代末期までには、一定の地位を築くことに成功していたようだ。しかし、同書の本文中の名産品のコーナーには取り上げられていない。それだけでなく、多くのガイドブックにも記載がないことなどから考えると、この時期には、まだメジャーといえるほどの存在にはなり得ていなかったようだ。

『伊香保温泉案内』に見える勝月堂の広告

その要因は、依然として伊香保が観光地としてはアクセスがよくなかった点にもあるだろう。たしかに、前述したように、電車が開業したことで、それまでよりは東京などからの交通は格段に便利になっていた。だが、高崎や前橋から電車を乗り継いで伊香保にたどりつくには、それでもかなりの時間を要していた。そうした意味で、保存性に乏しい饅頭がおみやげとしてメジャーとなる条件はまだ整っていなかったとみることができる。

陸軍特別大演習と昭和天皇

しかしその後、伊香保を取り巻く環境はさらに大きく変容していった。昭和六（一九三一）年、清水トンネルが開通し上越線が全線開業すると、伊香保からほど近い渋川駅が、一挙に幹線のメインルート上に位置することになる。こうして、東京をはじめとする各地からの利便性が、飛躍的に高まった。

昭和九年には、陸軍特別大演習が群馬県を中心に実施されたが、その際、昭和天皇が湯の花饅頭を買い上げたことから、[16]全国的にその名が広まったともいわれている。[17]陸軍特別大演習は、毎年陸軍が行っていた大規模な実動演習のことである。大量の部隊が動員される上に、天皇が自ら統裁し、その様子が連日新聞などで大々的に報道されるなど、全国的に注目を集めるイベントであった。近年の研究では、この大演習について、地域社会に与えた影響の大きさが指摘されるようになっている。[18]

ちなみに、この年の大演習では、昭和天皇の視察先の順番を誤って先導した件で、当事者の警察官が自決を図るという、いわゆる昭和天皇誤導事件が起こっている。こうした不幸なアクシデントがあった他方で、温泉饅頭という伊香保の名物が、広く知られていく大きな契機ともなったのである。

道後温泉と松山の交通

古くからの温泉といえば、愛媛県松山近郊の道後温泉である。「日本最古」と称されるほど極めて古い歴史を持ち、明治時代でも圧倒的多数の入湯客を集めている。全国的にも、群を抜いた存在であった。

明治二十二年、町制の施行とともに道後湯之町が成立して、伊佐庭如矢（ゆきや）が初代町長に就任すると、温泉を町営化するなど、積極的に温泉の開発を進めている。その目玉が、共同浴場の改築であった。本館（神の湯）の改築がはじめられ、二十八年四月に完成した。続いて、特別湯と御召湯の改築を進め、三十二年十一月、それぞれ霊（たま）の湯、又新殿（ゆうしんでん）として完成している[19]。

　こうしたいくつかの段階を経て、現在の道後温泉本館の原型ができあがっていった。道後温泉の旅館に内湯が導入されるようになったのは、昭和三十年代のことである。それ以前は、本館は、まさに道後温泉そのものであったのである。

　明治二十八年には、松山との間に道後鉄道が開業した。この鉄道が、「坊っちゃん」が温泉に通うのに乗った「マッチ箱のような汽車」である。三十三年には伊予鉄道と合併し、四十四年には電化されている。さらに、これとは別に、松山電気軌道が同年九月から営業を始めるなど、明治の間に、道後への交通機関は飛躍的に整備が進んだ。

明治時代の道後湯之町（『道後温泉』松山市、1974年）

　実は、国鉄予讃本線が松山まで開通するのは、昭和に入ってからのことである。それまで、松山付近の鉄道は、他の地域とは直接連絡していなかった。そのかわり、この地域には、古くから松山の外港として知られていた三津浜や、明治後期になって開発された高浜などがある。これらの港を発着する瀬戸内海航路を通じて、大阪などの大都市と直接結ばれていたのだ。鉄道網も、こうした海運との連携を重視した形で、整備が進められていく。

道後煎餅と温泉煎餅

では、道後温泉のおみやげについてみていこう。

近世以来、道後温泉では、道後索麺（そうめん）や道後饅頭、唐飴などが名物となっていた。これらは、必ずしもおみやげとなっていたわけではないが、食品類の名物として知られていた[20]。

また、道後温泉では、湯が湧き出る所に池を掘り、そこに湯桁（ゆげた）と呼ばれる板を渡していたが、この湯桁の用材を用いて始まったのが、湯桁細工であった[21]。この他にも、松山近郊の海辺から採取された古根である扶桑木の彫刻品など、他の温泉地と同じように手工芸品の特産品が存在した。だが、すでに明治末期には、それらは衰退を始めていたという[22]。

一方、食品類は、入湯客の増加に対応するかのように、数多くの名物が生まれていく。その一つである道後煎餅は、明治後期には、すでに近世後期には登場していたようだが、明治後期には、道後温泉の代表的な名物として知られるようになっていた。道後鉄道が開業し、停車場が設置されると、温泉本館までの間には多くの商店が立ち並び、白、赤、黄とさまざまな彩りの道後煎餅が店先に積まれるようになった[23]。大正六年当時の駅前から本館までの商店街の状景は次のようなものであったという。

道後温泉の「湯晒蓬艾（もぐさ）」

「温泉煎餅」の広告（『道後の温泉』今井神泉堂、1911年）とその製造販売元である玉泉堂本舗（筆者撮影）

> 心もち爪先上りになった市街を進むと、道後煎餅とか、湯晒もぐさや色々のお土産や旅館が軒を列べている。その中を突当てると道後郵便局がある。そこから今度は右に曲ると湯之町の本町で、呉服屋、雑貨店、道後名産の木菌細工、美術竹巻陶器店、仲田銀行道後出張所、二層、三層の旅館の建物が櫛比している。[24]

駅前からL字に曲がって本館まで、商店などがぎっしりと立ち並んでいるという点では、現代の道後温泉商店街と基本的に変わらないとみることもできる。それと同時に、湯晒もぐさなど、かさばらなくて軽い非食品が、依然としておみやげの主流を占めていたこともわかる（なお、「木菌細工」というのは、この時期の案内書などにその名が出てくるものだが、現在の道後商店街にあるおみやげ品店では、これを見つけることができない）。

さて、「道後煎餅」とは、「括り猿」のような形をした「白や赤や黄」色をした「お粗末」なものであったとされるが、この時期には数多く売られ、「最も古き名物」に数えられていたという。明治末期のガイドブックでは、この道後煎餅とは別に「温泉煎餅」というものが売られるようになったことに触れている。これは、温泉の古歌を刻印した玉形の商品であった[25]。すでに本書でも何度か触れているように、名物たり得るためには、由緒の存在が重要な要件となる。温泉煎餅は、道後煎餅に比べても後発の商品であったが、長く詠まれてきた道後の古歌に関わりあいを持たせることで、名物としての地位を確保しようとしたのである[26]。

名産温泉の花。
木細工並ニ木菌
細工各種製造販
賣所
伊豫道後湯之町
清水庫太郎

「木菌細工」の広告（前掲『道後の温泉』）

坊っちゃんはどこで団子を食べたのか

現在の道後温泉では、「坊っちゃん団子」が、代表的な名物の一つとして売られているのを目にすることができる。ところが、すでにみたように明治時代はもちろん、大正時代にも、道後温泉の名物として売られていたことは確認できない。

いうまでもなく、坊っちゃん団子は、夏目漱石の小説『坊っちゃん』の主人公「坊っちゃん」が道後温泉で食べた団子にあやかったものである。明治三十九年に発表されたこの作品は、漱石が松山中学校教諭として赴任していた体験をもとに書かれた。

坊っちゃんは、松山中学校の勤務を終えてから汽車に乗り、道後温泉（作中では住田）へと赴く。そしてよく知られているように、道後温泉本館で温泉に入ることになる。

温泉は三階の新築で上等は浴衣をかして、流しをつけて八銭で済む。その上に女が天目へ茶を載せて出す。おれはいつでも上等へ這入った。(27)

主人公である坊っちゃんは、いつも三階の個室に上がり、湯あがりにお茶を飲んでいる。だが、実は、ここで団子を食べたとは書いていない。では、どこで団子を食べたのだろうか。

料理屋も温泉宿も、公園もある上に遊廓がある。おれの這入った団子屋は遊廓の入口にあって、大変うまいという評判だから、温泉に行った帰りがけにちょっと食って見た。今度は生徒にも逢わなかったから、誰も知るまいと思って、翌日学校へ行って、一時間目の教場へ這入ると団子二皿七銭と書いてある。実際おれは二皿食って七銭払った。(28)

現在、道後温泉本館三階の個室を利用すると、風呂上がりにお茶と坊っちゃん団子が出される。何となく、坊っちゃんがそこで坊っちゃん団子を食したようなイメージを抱いてしまを本館で食べていたわけではないようだ。

お茶しか飲んでいない。わざわざ団子は別の店で食べたという記述があることからも、団子

うが、本文にあるように、団子を食べたのは遊廓の入り口にある団子屋であって、本館では

道後温泉で団子が売られたのはいつからか

現在、『坊っちゃん』は人口に膾炙した作品となっているが、明治三十九年の発表当初からその位置づけを獲得していたわけではない。現在、道後温泉本館の三階には「坊っちゃんの間」とされている部屋があるが、これも漱石の生誕百年の際に、娘婿の作家松岡譲が命名したものである。[29]

道後温泉で団子が売られ始めたのがいつごろのことか、はっきりとしたことはわからない。一般には、明治二十二年に初代道後湯之町町長となった伊佐庭如矢が、就任後ほどなく、「湯ざらし団子」を発案し、茶店で売り出したことに始まるとされている。[30]道後温泉の町おこしの手段の一つとして開発されたといってよい。

湯ざらし団子は、その名のとおり「粉を湯で晒した」[31]もので、温泉にまつわる名物として作り出されたものであった。この段階では、団子は「坊っちゃん」とは結びついていなかったのである。団子に限らず、この時期には、「坊っちゃん」は道後温泉を振興するキャラクターとしては、とくに認識されていなかった。

その後、ようやく昭和八年ごろになって、この団子を「坊っちゃん団子」と称するように

なったようだ[32]。昭和十三年に刊行された『道後温泉史話』巻末の「道後著名土産品案内」でも、坊っちゃん団子が名物の一つとして挙げられている[33]。この時期に、初めて団子と坊っちゃんが結びつき、新たに道後温泉名物としての由緒が付加されるようになったのである。その背景には、昭和十年に『坊っちゃん』が初めて映画化され、より多くの人々に認知されるようになりつつあったことがあるだろう。

こうした傾向は、戦後に本格的なものとなり、道後温泉では「坊っちゃん」を観光のシンボルとして、強く打ち出していくようになった。そして、現在では、道後温泉駅前で「坊っちゃん」や「マドンナ」に扮した人々が観光客を出迎え、伊予鉄道では「マッチ箱のような汽車」風の「坊っちゃん列車」を運行するなど、道後温泉と「坊っちゃん」のイメージは分かちがたく結びつくようになっている。

このような中で、道後温泉名物としての坊っちゃん団子は、次第にそのイメージを確立していったようである。そして、当初は茶店でそのまま食べられることが前提であったが、次第におみやげとして持ち帰られることが主体となっていった。

東海道から遠く離れて

熱海も、すでに近世から温泉地として一定の地位を示していた。だが、東海道のルートから離れている上に地形も険しく、もともとは、それほどメジャーな温泉地とは言い難かった。

しかし、それでも明治二十年代には、御用邸や要人の別荘が立地するようになるなど、温泉地としての一定の発達をみせるようになっていた。なお、明治二十二年には東海道線が全通しているが、当時は、現在のように熱海を経由するのではなく、国府津から御殿場を経由していた。つまり、鉄道の恩恵も未だ受けられず、不便で来客数も少ない当時の熱海は、観光地としては、たいした存在感はなかったのである[34]。

熱海の雁皮紙店（『熱海を語る』熱海市、1987年）

この時期の熱海名物は、次のようなものであったとされている。基本的には、細工物や雁皮紙（がんぴし）などが主流を占めており、菓子類はほとんど目につかない。

樟細工／雁皮紙／雁皮紙布織／塩温石／固形温泉／鳩麦煎餅／温泉飴／椿油／柚餅子／ポンス[35]

また、この時期には、おみやげを扱う商店の数自体、まだそれほど多くはなかった。

名産品等　三軒
雁皮紙布織　四軒

楠細工　　　七軒
写真絵はがき　一軒[36]
菓子製造　　四軒

東海道本線がやってきた、団体客がやってきた

明治四十年には、それまであった人車鉄道を改良した軽便鉄道として、熱海鉄道が開業する。これをはじめとして、徐々に交通機関の改良が進みはじめていく。こうした状況を背景に、大正時代初めには、温泉しるこ、温泉宝来煎餅、温泉柚餅、松葉煎餅、開化饅頭、熱海煎餅、熱海おこしなど[37]、菓子類がようやく目立つようになる。

熱海の人車鉄道（前掲『熱海を語る』）

そして、劇的な変化が訪れる。熱海線および丹那トンネルの開通と、東海道本線のルート変更である。大正十四年に国鉄の熱海線が熱海まで開業すると、熱海駅乗降客数は前年の約二十倍に増加した[38]。さらに、昭和九年に丹那トンネルが開通し、東海道本線が熱海経由となると、さらに約十倍の増加をみたのである[39]。

東海道本線の経路変更を契機に、熱海はメジャーな温泉地としての地位を急速に築いていく。このころには、従来の細工物に加えて、温泉饅頭などの菓子類、干物や山葵漬といった

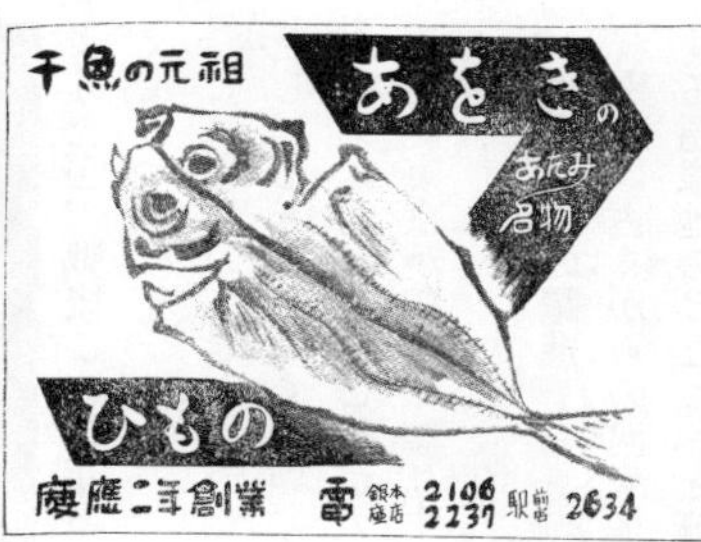

温泉饅頭、干物の広告（『熱海』熱海市、1953年）

食品類が数多く出回るようになっていた[40]。

この時期、熱海を訪れる客の主体となったのは、団体の短期遊覧客であった。昭和十年代には、収容定員五百名を超える大型旅館が出現するなど、団体客に対応する形で温泉施設の整備が進んだ。昭和十二年には熱海は市制を施行し、温泉観光都市へと変容を遂げる[41]。

熱海の干物——由緒づけなき名物

団体客中心という傾向は、戦後になるといっそう著しくなる。その影響は、おみやげの購入量の増加という形でも表れ、昭和二十六年には、熱海市内のおみやげ店は百十一軒となった。明治時代後期にくらべ約十倍に増加したことになる。同時期の別府は九十一軒であり、それを凌駕していた[42]。

その過程で、熱海の名物には大きな変化が起こっている。明治大正時代に盛んであった雁皮紙布織などは廃れ、それに代わり、主要な熱海みやげの地位

「金色夜叉豆」（前掲『下戸みやげ名物銘札集』）

を次第に固めていったのが、魚の干物であった[43]。干物は、熱海近郊の特産品ではある。だが、熱海の名物として特徴づけられるような、特段の来歴があるわけではない。とはいうものの、これ以外には、際立ったおみやげ品が存在しないようになっていった[44]。

　戦前には、尾崎紅葉『金色夜叉』の登場人物、お宮と貫一に題材を採った名物が存在したこともあるようだが、戦後この物語自体が多くの人々にとってなじみの薄いものとなると[45]、いつしか消えていった。

　これまでみてきたように、熱海に限らず、温泉地はその著名度の割には、際立った名物に乏しいことが少なくない。その要因はいくつもあるだろうが、一つには、名所としての性格が本来は弱かったことが大きく影響していよう。また熱海の場合は、これに加えて、交通の改良で東京から近くなりすぎたということが、大きかったのかもしれない。

別府温泉の躍進

　別府は古くからの温泉地であるが、先にみたように、とりわけ明治末期以降、日本を代表する温泉地のひとつへと成長を遂げた。日清戦争後から急速に浴客が増加するようになり、明治三十三年には大分との間に電気鉄道が開通し、明治四十四年には豊州線（日豊本線）の別府駅が開業するなど、交通機関の整備が着々と進んでいた。

大きな画期となったのは、明治四十五年五月、大阪商船による大阪・別府航路の開設であった。その際に投入された紅丸は、総トン数千四百トンと当時の内航客船としては大きく、その他の瀬戸内航路の客船を圧倒した。こうして、阪神地域からのアクセスが大幅に改善されたのである。大正十二年十二月には毎日の運航となり、さらに、昭和三年十二月には昼夜二便に増便するなど、この航路は拡充が続けられた[46]。

「別府の民衆外務大臣」と呼ばれた旅館経営者の油屋熊八をはじめ、地域の有力者たちは、積極的な宣伝活動を全国的におこなった。昭和二年、大阪毎日新聞社・東京日日新聞社が募集した日本新八景では、温泉地の部門で別府が第一位を獲得しており、彼らの宣伝は十分な効果をもたらしたようである[47]。こうして、別府は、日本を代表する温泉地としての地位を確立するとともに、観光地としての内実を整えていったのである[48]。

有馬温泉から別府への技術移入

他の多くの温泉地と同じように、別府でも、手工業品が名産品として長らく知られていた。別府では、豊富な竹材を利用した竹製品が代表的であり、すでに明治のはじめごろから、素朴な簾（すだれ）、柱かけなどを、農漁村の副業として生産していた。

こうした状況は、明治三十年代に入ると変化していく。三十五年には、別府工業徒弟学校が創立され竹籃科を設けるなど、[49] 組織的に名産品を育成する取り組みが始まった。その際、有馬から人を招き、竹細工の製造技術の指導を受けている。[50] このように、他の温泉地から、名産品の製造技術を貪欲に取り入れるようになった。

すでに箱根細工のところでもみたが、古くからの温泉地は、工芸品の製造が盛んであったところが少なくない。有馬のところでも、筆や竹器、挽物細工、染楊枝などが生産されていた。[51] これらは、有馬みやげとして知られるほか、海外への輸出も少なくなかった。[52] ところが、明治末期から大正初期にかけて、有馬では、手工業品の生産が急速に衰退していった。[53] 有馬から別府への技術移入は、こうしたことも背景となっていたのである。有馬での名産品生産の変容の要因は、別に検討する必要があるだろう。だが、ここでは、各温泉地で同じような名物が多い要因の一つとして、こうした技術の移転があったことを指摘しておくにとどめたい。

温泉関連の名物

湯量が極めて豊富であった別府は、「名物は、云はずと知れし温泉なり」[54] とされていた。湯の花、湯の花石鹼、湯の花饅頭や別府水（鉱泉）、温泉飴などといった、温泉成分を売りにした名物が、すでに明治末期には広く出回るようになっている。[55]

湯の花は、温泉成分から採られた入浴剤である。その生産自体は、近世から行われていたようだが、特に明治三十年代以降には、近代的な商品化が進み、別府温泉の代表的な名物の一つとなっていった。[56] その過程では、「居ながらにして温泉療法の目的を達する」[57] などと、具体的にその効能が喧伝されるようになった。

こうした療養色が強いもののほか、温泉が噴出する「地獄」に手拭いなどを浸して染める「別府温泉染」のように、温泉と手工業品が結合した名物も現れている。湯治客が「好みの文字なり絵画なりを自ら書きて染め[58]」て持ち帰るなど、個性的なおみやげとしても知られていた。

流行作家が買い求めたものは

このように、明治三十年代以降、別府では名物の開発が本格的に推進されるようになる。温泉地として急速な発展を遂げ、増加する温泉客に対応する形で、別府の市街地では、おみやげを売る店が増えていく。大正時代に入ると、市街中心部の流川通りと中浜通りでは、各種の商店が立ち並び、「御散歩旁御一巡(ごさんぽがてらごじゅん)なさると大抵のお土産は調」うようになっていた[59]。

戦前での最盛期を迎えていた昭和十五年の別府で、代表的な名物とされていたのが、次の品々である。


湯の花／竹細工／温泉染／黄楊櫛(つげ)／漆器／挽物／経木細工／みだれ籠／別府絞／縫針／別府人形／温泉饅頭／温泉飴／温泉餅／湯の玉饅頭／温泉煎餅／文旦漬／別府高麗焼[60]

饅頭や煎餅などの菓子、食品類もみられる。だが、この時期になっても、別府名物の主流

奥野他見男『別府夜話』（潮文閣、1925年）挿絵

は依然として手工業品であったことがわかる。熱海では、この時期には、干物などの食品類がおみやげとしてかなりメジャーとなってきていたが、別府ではそうした傾向はみられない。その要因はいくつも考えうるが、熱海とは異なり、大都市からの距離が離れていることが影響しているのかもしれない[61]。訪れる多くの人々にとって、いまだに多くの時間がかかる場所だったのである。

奥野他見男（たみお）という作家について、現在ではその名を知る人は稀である。だが、大正から昭和の初めにかけて、奥野は流行作家として活躍し、『大学出の兵隊さん』（大正四年）をはじめとするユーモア小説で知られていた。奥野は、大正末期に別府温泉を訪れてしばらく滞在し、その時の体験をもとに『別府夜話』（大正十四年）という作品を著している。滞在を終え帰郷しようとする矢先、東京の妻子へのおみやげを買おうと、奥野は市内中心部の商店街へと繰り出す。

二三軒覗いて見た。色さまざまな別府染めと云はうか、タオルに染めたもの、単物に染めたものが多かつた。しぼりである。私は一寸は立止まつて見たものの若しや妻が不似合だと云つたら馬鹿らしいことだと、急に止す気になつて、最後に又竹細工屋に入つた。

其処には前の竹細工と違つた細工物が多かつた。私は其の店でヒドク気に入つたお盆を見付けた。最初一枚だけにする積りであつたけど、外の色々な細工物と比べて、どうしても竹細工のお盆が珍らしくもあり、別府らしくもあつたので、其れを四枚買ふことに定めた。[62]

彼が別府のおみやげとして買い求めたのは、竹細工であった。子供たちへの菓子類は帰途大阪で買うことにしていたようである。別府から数日がかりの東京まで、饅頭などの菓子類をおみやげとして持ち帰るのには、依然として相当な困難が存在したのである。

戦後の「慰安旅行」と夜の街

これまで述べてきたように、遅くとも昭和戦前期には、それまでの湯治とは異なった、短期間の宿泊を前提とした温泉旅行が、一定の定着をみせるようになっていた。こうした旅行は、とりわけ熱海で顕著であったように、個人よりも団体旅行が主流を占めるものであった。

その傾向は、戦後はより顕著なものとなる。とりわけ昭和三十年代には、社員旅行を中心とした団体旅行が、観光旅行の普及の大きな牽引役となったのである。[63]

東海道新幹線開業前である昭和三十年代の熱海温泉について、民俗学者宮本常一は、当時の雰囲気を次のように記している。

熱海銀座の夜景（前掲『熱海を語る』）

> 熱海を通過するとき、そこから列車に乗る団体とよく一緒になることがあった。熱海から東へゆく客は一般に物静かであったが、西へ向う客の話をきいていると、夜のあそびのことに限られているといってよかった。団体でとまるのだから設備も何もととのっていたと思われる。そういう宿で飲み且つ食い、歌い、そのあと、女とあそぶことができたようで、それあるが故に熱海はたのしいところであったようである。[64]

宮本は、こうした雰囲気は新幹線開業後変化したことを指摘しているが、高度成長期を中心に、日本全国で温泉といえば多くがこのようなものだったようである。職場の慰安旅行をはじめとする、歓楽的なイメージが定着していった。

こうした団体旅行では、宿に着くとまず風呂に入り、お揃いの浴衣を着て、宴会場で飲めや歌えの大騒ぎをして、夜の街に繰り出す[65]、というのがお決まりのパターンであった。「夜の街」では「土産物屋を漁って、いかがわしい絵巻物や博多人形、黄揚細工など、猟奇な土産物を掘り出せる[66]」(別府)ようなこともあっただろう。

だが、そうしたものは、公然と人に渡すことは憚られるものである。夜の遊びが主目的で、しかも男の団体が主となると、そこから持ち帰られるおみやげは、言い訳、アリバイ的要素が強くなり、内容は二の次になりかねない。また、先に紹介した奥野他見男などとは異なり、短期間しか滞在しない団体客の多くは、そうした買い物に十分に時間を割く余裕がなかったにちがいない。その結果として、「つまらない」おみやげが店先に並ぶようになったのであろう。

おみやげを買う熱海の温泉客
(毎日新聞社、1951年撮影)

各地の温泉地における名物のラインナップは、すでに大正時代に「別に特徴あるとも思はれぬ[67]」などと指摘されているように、多くの場合「特徴がないのが特徴」となっていた。有馬では、昭和十年代の段階で、「今日では土産物として有馬の特産物はない、一般の温泉場で売つているやうなものばかり[68]」などと評されている。

駅前にあった熱海駅デパート（筆者撮影）

こうした団体旅行を取り巻く環境は、昭和末期以降大きく変容し、温泉旅行のイメージも変化してきた。各温泉地では、個人や小グループの旅行が台頭し、女性客を意識して清潔感が重視されるようになった。おみやげの多くは、しゃれた女性好みに変化を遂げる。(69)かつての男性の、団体客中心の温泉地のイメージは影をひそめ、おみやげもこれに対応した姿へと変わっていった。

第6章　現代社会の変容とおみやげ

ここまで、主に明治から昭和戦前期を中心にして、近代の名物やおみやげの形成について追ってきた。だが、それらのおみやげのあり方は、現代のものとは一定の落差がある。

本章では、戦後新たな要素として登場してきた、自動車交通や航空機、新幹線などに注目し、おみやげとの関係を俯瞰したい。そして、高度成長期以降、二十一世紀に至る現代のおみやげの形成について考えていこう。

ドライブインの登場

ここまで再三述べてきたとおり、明治以降の日本におけるおみやげの発展には、鉄道の展開が深く関わっていた。ところが、昭和三十年代以降、道路の改良が急速に進展し、自動車交通が台頭してくると、その関係性にも大きな変化がみられるようになった。

鉄道の場合、おみやげの主な販売場所となったのは、駅の構内であった。道路の場合、その役割を果たしたのが、ドライブインである。

ドライブインとは、幹線道路の沿道に立地し、食堂やおみやげ品店、トイレなどを兼ね備えた店舗形態のものである。これが、いつから日本で登場するようになったのかは、はっき

その開業広告（『読売新聞』1956年9月8日）

箱根湯本ドライブイン（『東京急行電鉄50年史』東京急行電鉄社史編纂委員会、1973年）

りとわかってはいない。昭和三十年ごろから、国道一号線沿いの小田原や箱根近辺などで展開し始めたのが、実質的な起源のようである。

おみやげ屋＋レストラン＝ドライブイン

東京急行電鉄は、戦後に石油の販売を手がけるようになっていたが、その販売の促進のために、ガソリンスタンドに店舗を併設したドライブインを構想した。昭和三十一（一九五六）年九月に箱根湯本ドライブインを開業し、その後、戸塚、沼津、高崎など、国道一号線を中心とする幹線道路沿いに次々と店舗をひらいていった[1]。

最初に開業した箱根湯本ドライブインは、「大食堂」や終夜営業の「ふもと茶屋」のほか、「おみやげ売場」を備えた、観光客を対象とした施設であった[2]。昭和三十八年には、国道一号線の東京・名古屋間だけで、百五十四軒ものドライブインを数えるようになる。昭和四十年代に入ると、国道一号線沿いだけでなく、全国の幹線道路沿いに展開するようになった。[3]

その後、日本の道路の改良は加速していく。すでに昭和四十六年には、一般国道のうち改良済みの区間が約一万六千キロメートル、指定区間改良率が九四・四パーセントに達する。[4]主要幹線国道の改良は、この時期にはおおむね達成されたのである。そして、それら幹線道路沿いに、ドライブインが広がっていったのである。

米屋ドライブイン（前掲『米屋一〇〇年の歩み』）

ドライブインという店舗形態は、一九二〇年代のアメリカが発祥であるとされている。だが、アメリカでは、駐車場を備えたレストランのことを指していた。日本でも、そうした形態の店舗が少なくはなかった。だが、観光地周辺などでは、おみやげ店に食堂を併設した形態を、当初からとっていたことが大きな特徴であった。

第4章で登場した成田の米屋も、昭和四十一年十二月に、国道五十一号線と新勝寺を結ぶ新参道沿いに「米屋ドライブイン」を開業している。[5]昭和四十四年には二十億円に届かなかった年間の売り上げが、四十九年には五十億円を突破するなど、わずか数年間で売上高を二倍以上に急増させている。[6]先にも触れたように、米屋は、大量生産、駅やデパートへの進出、軍隊（自衛隊）への納入など、小城羊羹の村岡総本舗に類似した経営法をとっていた。それが、高度成長が本格化すると、いち早く直接ドライブインの経営に進出し、経営規模を急激に拡大しており、その点は村岡とは大きく異なっている。

こうして、道路沿いのドライブインが、おみやげの主要な販売場所として成長してくるまでに、それほど時間はかからなかった。昭和四十四年には、新聞で歩道橋、高速道路と並んで、モータリゼーションが生み出した「三大文化機構」と称されるほど[7]、全国展開が進んでいたのである。

当時、「山なら真空包装の山菜、海ならワカメと貝細工。ようかん、せんべい、こけしのみやげものは、全国一手卸しとしか思えぬほど均一化されている[8]」ということが指摘されている。ドライブインが主要なおみやげの販売所となりつつある中、一方では、その画一的な商品構成が問題視されるようになっていたのである。

高速道路の急速な整備

だが、幹線道路沿いのドライブインの隆盛は、長くは続かなかった。道路交通に対応したおみやげの販売場所としては、過渡的な形態であったのである。

ドライブインを過去のものにしてしまったもの、それは高速道路である。

昭和四十三年から順次開通していた東名高速道路が、昭和四十四年五月に東京―小牧間の全線で開業する。すでに開通していた名神高速道路と接続し、東京、大阪・神戸間が高速道路で連絡するようになった。こうして、中・長距離の自動車交通が高速道路に転移するようになると、それまで繁栄を謳歌していた国道一号線沿いのドライブインは、急速に衰退していく[9]。こうした意味で、日本における幹線道路沿いのドライブインは、極めて昭和四十年代的な商業施設であったといえる。

昭和四十一年に国土開発幹線自動車道建設法が制定され、七千六百キロメートルの高速道路網を整備することが計画された[10]。これは、全国規模のネットワークを形成する、基本的な路線網の構築を目指すものであった。

計画された当初の時期は、道路交通の主体はいまだ一般国道であり、高速道路は東名・名神など限られたものでしかなかった。だが、高速道路網の整備は急速に進み、平成に入ってからは、さらにそのスピードは加速した[11]。

平成十九（二〇〇七）年度には高速道路供用区間が七千四百三十キロメートルに達し、二十一世紀初頭の時点で、国土開発幹線自動車道および本州四国連絡道路の、計画の約九割が供用されている[12]。こうして、全国の主要な地域に、高速道路網が張り巡らされたのである。

SA・PA売店の独占的営業

日本の高速道路は有料を基本としている。そのため、沿道には民間経営のドライブインではなく、サービスエリア（SA）やパーキングエリア（PA）が、計画的に配置された。

最初に開通した名神高速道路でも、いくつかのサービスエリアが置かれた。だが、食事な

昭和38年の大津サービスエリア（『日本道路公団三十年史』日本道路公団、1986年）

どを提供できる本格的な施設は、大津サービスエリア一ヵ所のみであった。この施設は、日本道路公団が直接運営していたが、その後に本格的展開をしていくに際しては、民間資金の導入を図るなどの目的から財団法人道路施設協会を設立し、これに建設管理に当たらせることになった[13]。

レストランと給油所については、一定以上の資力のある業者を対象に競争入札を行った。だが、売店については、道路業務に精通している必要があるなどとして、主に、料金収受や道路維持管理などを行う業者と随意契約するようになる[14]。要するに、サービスエリア内では、特定の業者が独占的な営業権を保持するようになったのである。これは、鉄道の構内営業と類似の形態とみることもできる。

上りと下りで異なる品揃え

ＳＡ・ＰＡ内の売店「ハイウェイショップ」は、昭和四十年には全国でわずか六店舗にすぎなかったが、その後高速道路網の整備とともに急増し、平成七年には二百八十店舗を数えるまでになった。全国各地に展開するようになったSA・PAが、一般国道沿いにあったドライブインに代わり、おみやげ品の販売場所としてクローズアップされてくるようになったのである。

上り・下り合わせて、年間約三千万人が利用するとされる東名高速道路海老名サービスエリアでは、平成十三年度の物販額が、上下合わせ全国最大級の約五十億円に上っていた。二十一世紀に入って、おみやげ品売り場としてのサービスエリアの地位は、確固たるものとなったのである。

海老名では、下り側は地方への帰省客や、首都圏を訪れた観光客の帰宅途中での利用が多い。そのため、東京、横浜のおみやげを充実させ、「雄華楼シューマイ」「東京ばな奈」「鎌倉半月」などを中心に取り揃えた。一方、上り側は地方からの行楽帰りが中心なので、伊豆、箱根地方の海産加工物をはじめ、富山の「ますずし」といった遠方のおみやげ品も並べた。上下線で大きく品揃えを変え、きめ細かい工夫をすることで売り上げを伸ばすようになったのである。[15]

道路公団民営化とおみやげの多様化

こうした傾向に拍車をかけたのが、平成十七年に実施された日本道路公団の民営化であった。それまで財団が管理していたサービスエリアの管理運営は、各道路会社系列の管理会社が引き継いだ。すると、民営化によって売り上げの増加が求められ、営業活動にさらに力を注ぐようになったのである。[16]

たとえば、東日本高速道路の系列会社ネクセリア東日本（現ネクスコ東日本エリアトラクト）は、「デパ地下」のようなショッピングゾーンを持った「Ｐａｓａｒ」を展開し、お菓子類のほかオリジナル弁当などの販売を始め、売り上げを大幅に伸ばすようになった。[17]

変化の中で生き残ったおぎのやの釜飯

信越本線横川駅おぎのやの「峠の釜めし」は、日本を代表する名物駅弁のひとつとして知られてきた。これは、益子焼の容器をそのまま使用するというコンセプトもさることながら、この駅で碓氷峠を越える列車に機関車を連解結するため、停車時間が長く駅弁を買いやすいという実際上の要因が大きかった。

ところが、長野新幹線の開通により横川駅に特急が停まらなくなり、さらには信越本線自体が分断されて、横川駅はいわばローカル線の終着駅という地位に転落してしまう。当然、おぎのやの駅での販売額は激減した。ところが、高速道のサービスエリアや国道沿いのドライブインで大半を販売することによって、駅構内での販売額の減少を補ったのである。[18] 交通体系の変化に対応して、販路を柔軟に変化させる、名物の生命力が旺盛なことは、本書でもたびたびみてきた通りである。

高速な交通機関がもたらす変容

国道や高速道路と並んで、高度成長期以降の日本の交通体系に大きな影響を与えてきたのが、航空機と新幹線である。

新幹線や飛行機の発達は、移動時間の飛躍的な短縮を可能とした。これは、おみやげというものに、大きな意味をもたらしている。たとえば、福岡県太宰府の門前で、江戸時代から売られている「梅ヶ枝餅」という名物がある。これは、あずき餡を薄い餅の生地でくるんだ焼き餅だが、何日も日持ちがするものではない。だから「焼きたては中々うまい」が、おみやげに「持って帰ったら駄目」と長らくいわれていた。[19] しかし、現在では、博多駅や福岡空港でおみやげとして売られているのを目にすることができる。こうした光景は、飛行機や新幹線があってこそ可能となったものであろう。

当初は不人気だった萩の月

飛行機が媒介することでメジャーとなっていったおみやげの代表として、仙台の「萩の月」と札幌の「白い恋人」をあげることができる。

萩の月を製造販売している菓匠三全は、昭和二十二年、蔵王町で田中飴屋として創業した。その後、四十八年には「伊達絵巻」を発売、社名を三全製菓と改称して、昭和三十年代から四十年代にかけて、菓子製造メーカーとして地道な発展を遂げていた。

同社（昭和五十三年に菓匠三全と改称）は、昭和五十年代に入ると、カスタードクリームとカステラのよさをミックスした新商品の開発に取り組んだ。[20] そして、昭和五十四年秋に、

萩の月（2013年撮影）

萩の月として発売されるに至る。だが、当初はカビが生えやすく、売れ行きも芳しくなかったという。

その欠点克服のために注目されたのが、当時は輸入毛皮の保存に使われていた脱酸素剤である。これを菓子の袋に入れることで、新鮮な風味を保つことに成功した。[21] この工夫の実用化には難航し、約一年の開発期間がかかったという。[22] ここでも、生ものをおみやげ化するために、保存性の改良がカギとなったのである。

機内食への採用、そしてテレビでの紹介

萩の月は、当初から新たな仙台名物となるべく開発されたようだが、その地位を確立する大きな契機となったのが、昭和五十四年に東亜国内航空の仙台—福岡便の機内食に採用されたことであった。[23] 現在のＬＣＣでは、お菓子どころかコーヒーすら有料であるが、当時はまだ航空運賃は高く、そのぶん機内でのサービスも充実していた。仙台空港は五十一年には大阪、五十二年に名古屋、五十三年には福岡、五十四年に新潟、五十五年に沖縄と、ほぼ毎年

就航都市が増えている。利用客も、五十三年に百万人、五十五年には百四十万人を超えるような状況で、[24]急速な拡充を続けていた。

航空機利用客に爆発的な人気を呼び、やがて全国に「仙台といえば萩の月」といわれるほどのブランドが確立されていった。[25]飛行機という広域交通手段を通じて、萩の月は、全国的な知名度を獲得したのである。さらに、一九八〇年代末にテレビの音楽番組で紹介されたことも、[26]知名度の確立という点で見逃すことができないだろう。

萩の月という商品名は、宮城県の県花「ミヤギノハギ」にちなんで命名されたという。だが、その他特段の由緒と結びつけられることはなく、歴史的由緒との関連性は非常に薄い。菓子自体はスポンジクリームケーキなので、仙台の地域性に富んだ素材を使用しているわけでもない。

こうした、その土地との必然的な結びつきを欠いた名物は、高度成長期以降に増加している。その要因はいくつか考えられるだろうが、テレビというメディアの影響力は、重要な要素として見逃すことはできないだろう。

イメージ戦略が当たった白い恋人

萩の月と並んで、飛行機によって知名度を獲得したのが、現在では北海道みやげの代名詞ともいえる、白い恋人である。

製造販売している石屋製菓は、創業こそ昭和二十二年だが、長らく札幌の小さな製菓会社として営業を続けてきていた。創業者であった親の跡をついで社長となった石水勲が、昭和五十一年にグルノーブル冬季五輪の記録映画『白い恋人たち』から想を得て開発したのが、白い恋人である[27]。当初は、百貨店を中心に商品を展開していたが、さらなる販路開拓のために目をつけたのが飛行機の機内食であった。

営業活動の結果、昭和五十二年十月に全日空が展開した北海道の旅行キャンペーンの際、機内食に採用される[28]。これは二週間の限定企画であったが、大きな反響を呼び、北海道の名物として認知されていく大きなきっかけとなった。

本土と北海道との交通の動脈は、長らく青函航路が担っていた。昭和四十年代まで年々その輸送量は増加し、四十八年には旅客だけで年間四百九十八万人に達している。だが、同時にそれがピークであり、その後は長期にわたり減少を続けていた。一方、このころには航空機が台頭し、四十九年には国鉄の輸送量を追い抜き、その後も輸送量は右肩上がりに増加を続ける[29]。これに合わせて、千歳空港の利用客も急激な増加をみせ[30]、昭和五十六年三月には新ターミナルビルが完成するなど、施設の拡充が本格化するようになっていた[31]。

白い恋人は、まさにこうした、千歳空港の拡充と航空路線の拡大の本格化という時代状況に、うまく乗って登場したということができるだろう。

北海道内だけで販売し、道外では販売しないという戦略も重要であった。さらに、社長の石水が、北海道をアピールするさまざまな活動を積極的に展開することによって、白い恋人は北海道のイメージと分かちがたく結びつく。そうして、土地と密着した名物となっていったのである。だからこそ、平成十九年に賞味期限偽装問題が発覚した際、白い恋人のイメージだけでなく、北海道のイメージそのものがダメージを受けたことは[32]、皮肉といわざるを得ない。

ひよ子創業伝説

ひよ子（2013年撮影）

一方、新幹線によって大きく発展を遂げてきたのが、ひよこ形の饅頭「ひよ子」である。福岡県飯塚の石坂茂という人物が、「丸や四角ばかりの饅頭に飽き足らんで、何か新しい饅頭」ということをコンセプトに、大正元（一九一二）年に開発したものであるとされている。ひよこ形になったのは、石坂の「夢枕に観音様が出てきて、手のひらにヒヨコを」持っていたことから、思いついたものという[33]。

ひよ子の製造販売業者である吉野堂には、この創業伝説を裏づける確たる史料は乏しいようである。それでも、すでに大正時代には「ひよこ饅頭」が売られるようになっていたこと自体は、間違いないようだ[34]。飯塚とひよこの間には、何ら歴史的な因縁はないが、その創製の由来が語られることによって、名物としての価値が高められるという構図をここでもみることができる。

飯塚は、当時筑豊の炭鉱地帯の中心都市として繁栄を極めていたが、こうした甘い菓子は、激しく体力を消耗する作業に従事する炭鉱労働者たちから、大きな支持を得たという。戦中戦後の数年間は、しばらくの間休業を余儀なくされたが、昭和三十二年には福岡市天神に出店し、爆発的な販売実績を残した。その後は、博多駅の駅ビルや福岡県内のショッピングセンターなどにも幅広く進出し、飯塚以外の地域にも店舗を展開するようになった。こうして昭和六十二年には直営店七十店を数えるに至った[35]。

地域性と「銘菓」の地位

ここで注目するべきは、吉野堂が、ひよ子が飯塚や福岡県の名物というだけにとどまることを、よしとしなかった点である。

東京オリンピックが開催された昭和三十九年、ひよ子は東京に進出する[36]。当時、すでに筑豊地区の炭鉱が衰退を始めていたことが、その背景としてあったという[37]。そして現在、東京地区での売り上げが福岡地区の数字を上回るようになって久しい。東京みやげとしてもすっかり定着したことを示す事実だといえるだろう。

他方で、九州へ「東京から土産として持って行ったら怒られた[38]」というエピソードに象徴的に示されるように、地域の名物としての色彩は薄れるという影響をもたらしたともいえる。駅だけでなく、ショッピングセンターなどにも幅広く出店することで、全国的な知名度と規模の拡大を達成し、「銘菓」としての地位の確立を果たしたといえよう。

小城羊羹や長崎カステラも、百貨店などに積極的に進出し全国的に展開している。これらは、赤福や萩の月、白い恋人が駅や空港、サービスエリアなどに販路を限定するのとは対照的な行き方である。このあたり、地域の名物色を貫くのか、全国的な「銘菓」としての道を選ぶのかは、判断の分かれるところであろう。

ナショナルな鉄道、グローバルな空港

鉄道は、近代化を象徴する装置であったが、同時に、極めてナショナルな性格を持っている。つまり、鉄道の形態やシステムというものは、それぞれの国の特質が極めて明瞭に表れる。これに対して、飛行機や空港は、近代化を象徴するという点では鉄道と同様だが、大きく異なるのは、極めてグローバルな性格を持っているということである。言葉を変えると、鉄道の駅は、日本とドイツ、アメリカ、中国など、それぞれの国で大きく異なっているが、空港は、基本的に世界中どこでも変わることがない。

しかし、空港という、各地域の個性を極小化した性格の施設においてでさえ、日本では「空弁」のような、地域性をまとった商品が盛んに売られるようになっている。それだけ、日本の名物やおみやげ文化は、強固なものということができる。しかし、それは、必ずしも万古不易なものではなく、時代や状況に応じて大きく変化してきた。それは、これまで本書

でみてきたとおりである。

長く不在だった東京みやげの代表

近年のおみやげをめぐる変容の中で、状況を巧みにつかんで、東京を代表するおみやげに登りつめていったのが、「東京ばな奈」である。その誕生は、平成三年と新しい。

本書では、地方の名所や観光地を主に取り上げてきた。そして、東京も、江戸の時代から数多くの観光客を集める、一大観光都市としての一面をもっている。近年までは、人形焼き、草加せんべい、雷おこしが「三大土産」とされてきた。[39] だが、いずれも突出した名物であったとはいいがたいだろう。

東京を代表するおみやげの不在は、わりあい古くから問題とされてきていた。昭和十年四月に東京土産品協会が設立されている。同協会は、当時帝国ホテルの常務取締役であった犬丸徹三や東京市内の老舗の店主、国際観光局関係者らが発起人となっている。彼らは、「試みに東京土産は何物なりやと問はんか、何人と雖も明答を躊躇せざるを得ないであらう」と、当時の東京市民自身にすら、東京を代表する名物が認識されていないことを嘆いている。

そこで、同協会は、「東京名産の統一宣伝を成すべく」、事務局を東京商工会議所内に置き、次のような事業を手がけることになった。

一、東京名産品に関する研究改良を遂げ其の声価向上を図る
一、名産品の宣伝紹介を成す
一、名産館の設立を期す
一、研究会、品評会、座談会、新製品発表即売会、試食会等開催す[40]

こうした一連の事業は、昭和十五年に東京での開催を予定していたオリンピックと、万国博覧会に伴って来日する外国人観光客を強く意識したものであった[41]。同時に、国内各地から東京に集まってくる観光客に対して、東京名物をアピールすることもめざしていた。

観光会館計画とアンテナショップ

同協会は、昭和十一年七月に、東京商品館を丸ビルに開設しているが[42]、ここは、第3章で触れた、各府県の物産陳列所が軒を連ねていたところであった。東京商品館は、東京の物産陳列所としての役割を担うことになった。

同館の客の入りは良好で、昭和十二年四月には、京橋一丁目に独立した観光会館を建設する計画も具体化している。これは、全国各地の名物料理を出す食堂や、東京および各地の名産品販売所や観光協会の事務所などを集めた、東京における観光の本山をめざしたものであった[43]。

結局、戦時体制の進行で、この計画は実現をみることがなかった。だが、戦後の昭和二十

九年、東京駅八重洲口に建設された国際観光会館には、各地の観光協会事務所やアンテナショップなどが入っており、その原型となったともいえる。

戦前に計画されていた観光会館は、東京の名産品のアピールが強く打ち出されていたことが、大きな特色であった。なお、戦後の国際観光会館に入居していた観光協会の多くは、東京駅の再開発に伴い、有楽町の東京交通会館内などに移転している。

近代性と普遍性の街

こうした取り組みがさまざまにありつつも、東京色のあるおみやげは、浅草海苔、佃煮など、数少ないものであった。首都である東京では、かばんや靴、文房具、雑貨など、ローカル性を打ち出さないものが、おみやげとしてクローズアップされることが多かったのである[44]。

江戸のころより、東京は全国各地から多くの見物客を集めてきた。だが、明治以降の東京を訪れる者にとっては、一国の首都としての官庁や、企業をはじめとする西洋風の建造物、書籍や衣類など流行の最先端の商品に触れることが、大きな目的とされるようになっていた[45]。

つまり、地域性や特殊性よりも、近代的な流行の最先端の地としての性格が、とりわけ強く打ち出されるようになった。おみやげに求められるのも、自然と近代性や普遍性をイメージさせる品物となってくる。伝統的観光都市の京都や宮島、伊勢などと比べると、突出したキャラクターを持った名物が、なかなか生まれにくい土壌であったといえる。

こうした状況は、戦後になっても基本的には変わらなかった。たとえば、国鉄がＪＲとなった昭和六十二年の東京駅で、草加せんべいや雷おこしを抑えて、もっともおみやげ品として売れていたのは、「東京しうびあん」であった[46]。しうびあんは、シュークリームの皮の中

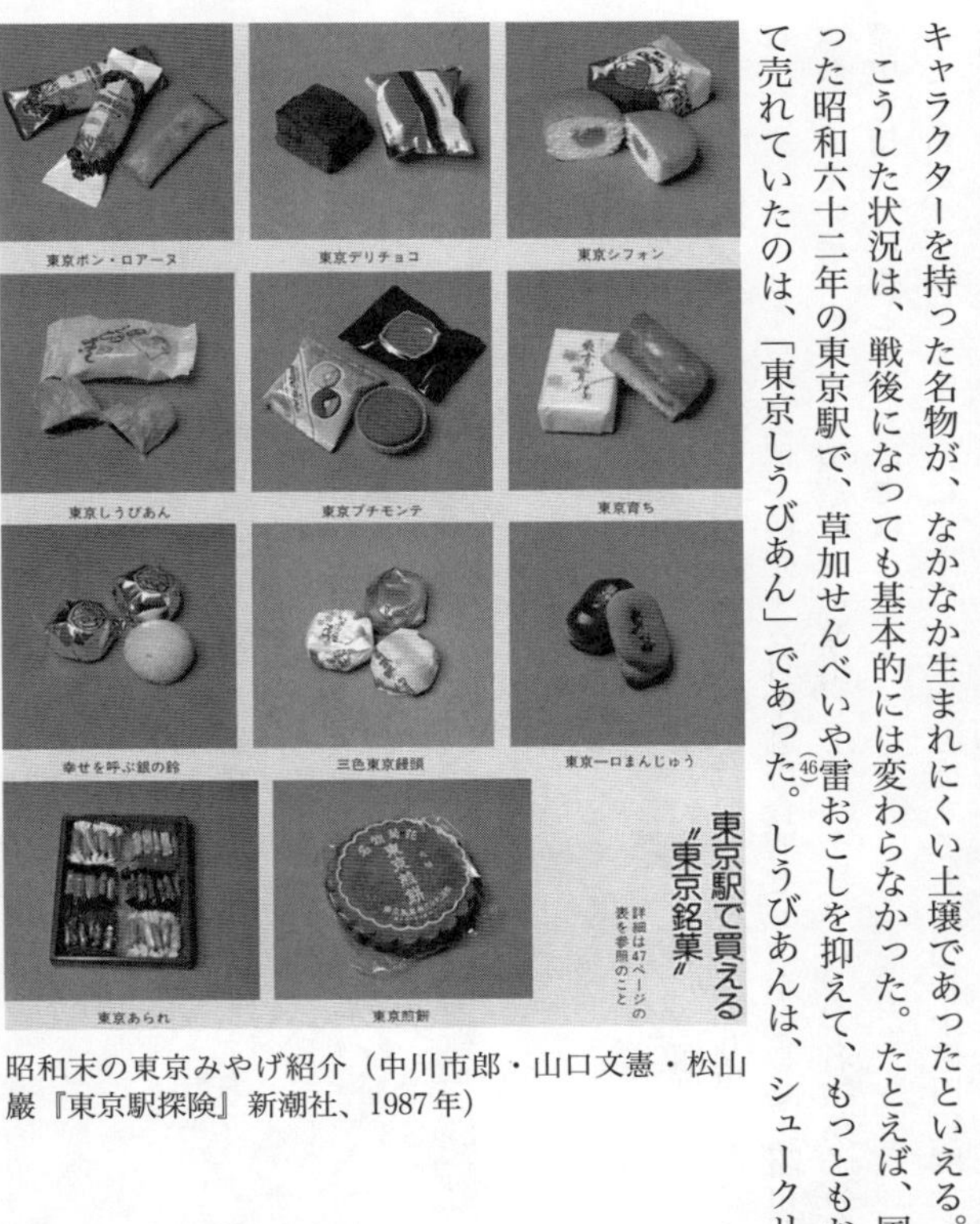

昭和末の東京みやげ紹介（中川市郎・山口文憲・松山巖『東京駅探険』新潮社、1987年）

に粒餡が入ったお菓子である。現在でも販売されているようであるが、正直にいって、筆者自身は本書執筆の直前までその存在を知らなかった。

これ以外にも、「東京シフォン」「東京育ち」「東京ボン・ロアーヌ」「東京煎餅」など、〃東京銘菓〃が並んでいるが、当時これをレポートした紀行作家山口文憲が「それにしても知らない名前ばかりだ」と指摘している。[47]いずれも、「東京名物」として突出した知名度を獲得できていたわけではなかった。

東京しうびあん（2013年撮影）

東京駅と羽田空港の発展に合わせて

東京ばな奈は、伝統的なおみやげ品はおろか、これら〃東京銘菓〃と比べても圧倒的に新しく、急速に東京みやげとしての位置を築いた。この商品を売り出したグレープストーンは、元来はコーヒー豆と食器を販売する日本珈琲食器センターとして、昭和五十三年に設立された。その後、洋菓子の製造販売に進出してきた会社であり、名物菓子の製造販売に古い歴史を持っていたというわけではない。

ところが、平成三年十一月に東京ばな奈を発売すると、当初十億円程度であった年間の売り上げが、わずか数年後には三倍の三十億円を突破し、草加せんべいや雷おこしなど[48]、伝統的な東京みやげを凌駕するに至った[49]。

売り出した当初は、都内のデパートなどに展開する傘下の販売店「ぶどうの木」「銀のぶどう」で扱っていた程度だったが[50]、翌年には羽田空港での販売にも進出し、翌々年には東京駅構内でも売店を展開する。それ以降、首都圏の駅、空港、高速道路のサービスエリアを中心に出店していった。平成二十一年には、東京駅構内だけで八ヵ所の自社売り場を持つなど[51]、東京駅構内での販売には特に力を入れていた。

東京駅は、東海道・山陽新幹線のみがターミナルとしてきたが、東京ばな奈が発売された平成三年には東北・上越新幹線が東京駅に乗り入れを果たしている。その後も、翌四年には山形新幹線、九年には秋田新幹線、長野新幹線が次々と開業し、既存路線の延長も続き、東京のターミナルとしての東京駅の求心力は、飛躍的に高まっていった。

また、羽田空港も発展をしはじめていた。沖合展開事業の進展とともに、平成五年に新ターミナルビル、十六年には第二ターミナルビルが完成するなど、拡張を続けている。平成に入るころには約二千万人であった年間利用客[52]が、平成二十年代には七千万人を超えるなど、利用客は大幅に増加を続けている[53]。

こうした状況と並行するように、東京ばな奈の売上高は、二十一世紀に入ると年間七十億円を突破するようになった[54]。

バナナと「ばな奈」

東京で自生していないバナナが、なぜ東京名物に使われたのか。

バナナが幅広い年齢層に親しまれる果物であることや、「特に年配の顧客には懐かしさを感じてもらえる」ことなどが大きな理由であり[55]、当時注目を集めていた作家吉本ばななにヒントを得て、「東京ばな奈」という擬人化したネーミングを思いついたという[56]。

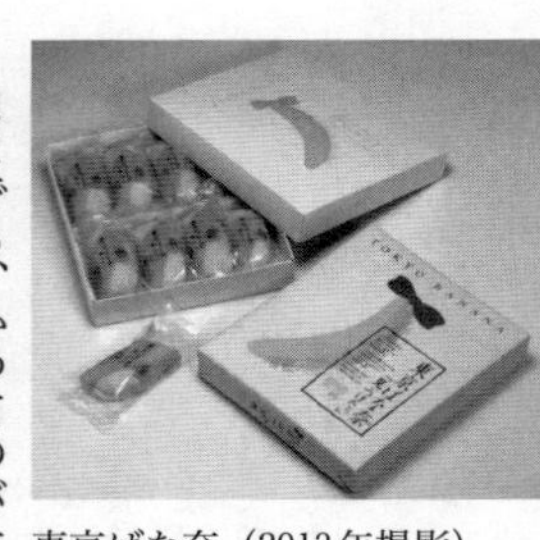

東京ばな奈（2013年撮影）

ここでも、かつてのバナナ饅頭と同じように、バナナという果物に付着したイメージが活用されている。だが、それは、かつての遥かな南国というイメージではなく、庶民的な親しみやすさへと転換していた。

ところで、筆者は、東京ばな奈には生のバナナが入っているものだと、長らく思いこんでいた（「まるごとバナナ」[57]のように、といえばわかっていただけるだろうか）。だが、東京駅や羽田空港の売り場では常温で販売しているのに、生のバナナなどが入っていたらおみやげに持ち帰るどころの話ではない。実際には、バナナカスタードクリームをスポンジ生地で包み、バナナ形に成型したものである。当初からおみやげとして構想されたため、開発にあたっては保存性が重要な要素であり、賞味期限を六日間とするために、試行錯誤が重ねられたという[58]。

実は、東京ばな奈は、規模の大幅な拡大を狙っていたグレープストーンが、その手段として東京みやげに目をつけ開発した戦略商品であった[59]。羽田空港や東京駅といった交通機関に目をつけたのがよかったのか、急速に売上高を増加させただけでなく、東京みやげとしての地位を確立するに至ったのである。

たとえば、東京に修学旅行に来た秋田県男鹿市の男子中学生四人組は、東京ばな奈を買った理由を聞かれて「みんなが名前を知っている」「東京に行ったとわかるものをと思って」などと答えている[60]。東京へ行ったことを郷里の人々に証明でき、配りやすいという機能も兼ね備えていることが、おみやげとして広く受け容れられた要因だろうか。

「いやげ物」とペナント

現代におけるおみやげの変容という文脈で、かつて隆盛をほこりながら、ほぼ消滅しつつあるものにも注目しよう。

昭和三十年代から五十年代にかけて、日本全国各地の観光地でおみやげとして流行したのが、観光ペナントである。ペナント自体は、大学やスポーツなどに関連するものとして欧米にも存在するが、観光地の名称などを記した観光ペナントは、戦後の一時期の日本にのみ特徴的なおみやげであった。

ペナントの語源は、軍隊の三角旗などに由来するものとされ、極めて男性的かつ権威的な色彩の濃いアイテムである。日本では、大学の山岳部が登頂記念にペナントを作るようにな

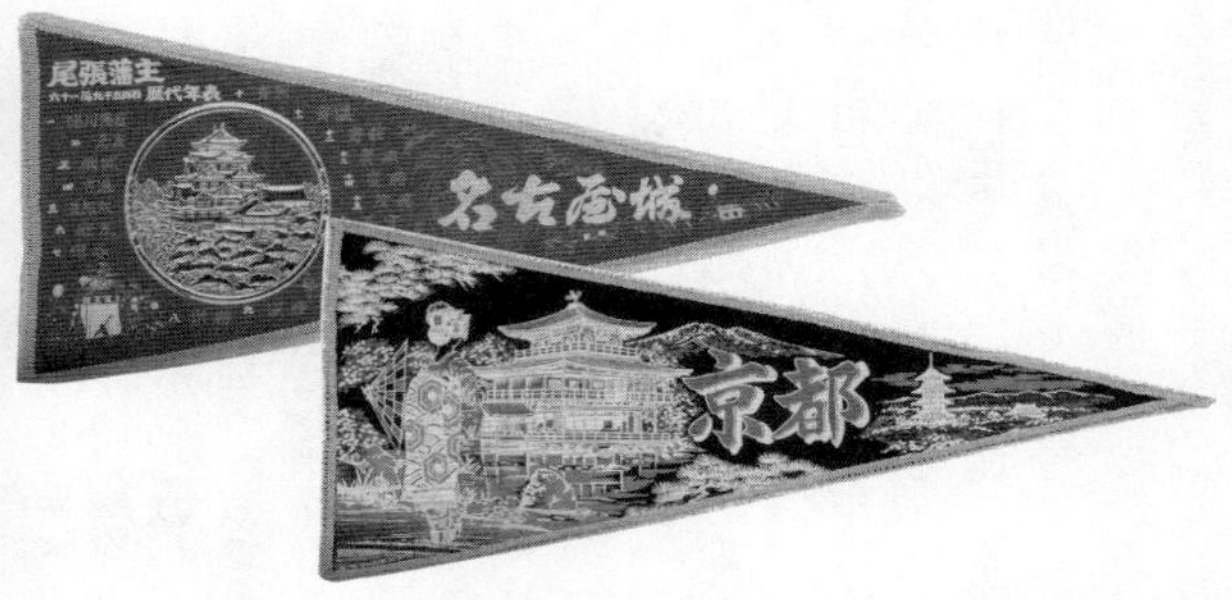

ペナントの例(谷本研『ペナント・ジャパン』パルコエンタテインメント事務局、2004年)

ったが、それを山小屋がまねて、山以外の観光地でもペナントを作るようになった。これが、観光ペナントの始まりであるとされている[61]。

高度成長期以降に展開された「ディスカバー・ジャパン」「いい日旅立ち」「エキゾチック・ジャパン」など一連の旅行キャンペーンによって、日本観光ブームに拍車がかけられた。それを背景として、次第に「観光旅行という遠征の戦利品」として観光ペナントが流行するようになっていったのである[62]。

みうらじゅんは、もらってうれしい物ではないおみやげのことを、「いやげ物」と名付けている。彼の収集したコレクションを紹介した著書『いやげ物』[63]では、こうしたペナント類をはじめとして、金色に輝く天守閣の置物など、高度成長期以降の観光ブームの中で隆盛を迎えた品々が数多く紹介されている。

こうしたいやげ物は、観光地の名前が変わっているだけで、その形態はほぼ同一の物が多い。また、その土地を記念しているという点で共通している。

ペナントや、観光地名を記した将棋の駒形の「通行手形」、ちょうちんなどといった類のものは、たしかに日本独特なのかもしれない。だが、観光地で、その土地の名を記した商品が売られているのは、洋の東西を問わず一般的なことである。そうした意味で、観光ペナントをはじめとするいやげ物は、本来的には西洋的なスーベニアの性格が濃い、自分にとってのメモリアルという色合いが強かったのかもしれない。ところが、いやげ物、つまり「もらっていやなみやげ物」と称されたということは、実際にはこれらが広くおみやげとして配られていたことを意味している。

「いやげ物」として紹介される城の置物（みうらじゅん『いやげ物』メディアファクトリー、1998年）

いやげ物は、二十世紀の末になると、急速に衰退していく。その要因は、嗜好や社会情勢の変化などであり、必ずしも単純なものではないだろう。だが、スーベニア的な要素とおみやげ的な使われ方との齟齬が、衰退の一因であったといえるかもしれない。

団体旅行から個人旅行へ

近年の社会や生活スタイルの変化の中で、旅行のあり方も大きく変容している。その具体的な例を挙げていくときりがないが、団体旅行の衰退と個人旅行の台頭は、大きな変化として挙げることができるだろう。もう一つは、核家族化に代表される生活スタイルの変化である[64]。

本書の冒頭で、日本のおみやげは、神仏の「おかげ」を郷里の人々と分かち合うことに、本来の意味があったと指摘した。したがって、その旅は、共同体を背景とした団体旅行であることが基本であった。代参講から軍隊、学校、農協など、その母体はさまざまに変化しつつも、戦前戦後を通じて、日本人の旅行は団体旅行であることが多かった。個人単位での旅行であっても、共同体を背景としていた場合が少なくなかった。そして、その旅行の「証明」や「記念」として、日本のおみやげ文化が発達してきたというわけである。

おみやげのスーベニア化？

さて、この論法でいけば、日本で団体旅行が衰退すると、おみやげ文化も衰退するということになってしまう。事実として、職場・学校・地域などの団体旅行は大きく減少し、一九九〇年代以降は、個人旅行が主流となってきた[65]。ところが、現実には、観光地や駅、空港、サービスエリアなど、さまざまなところで多様なおみやげが売られているのを、目にすることができる。

だが、その姿は、かつてとは大きく姿を異にしている。観光バスがおみやげ店に立ち寄り、団体客がいっせいに短時間にどっと買い込むような光景は減った。代わって、旅慣れた個人客が店先でおみやげ品を吟味する傾向が強まったとされる[66]。また、他人に広く配るのではなく、親しい人や自らのために買うことが増加しているともいわれる。

こうしたおみやげの姿は、日本の伝統的なおみやげというより、西洋的な「スーベニア」に近いとみることもできよう。団体旅行が減少しているのに、おみやげの需要が必ずしも減っていないというのは、実は、日本のおみやげの「スーベニア」化が進んでいるから、と考えることもできるだろう。

東京ディズニーランドで買われているものは

しかし、日本のおみやげが完全に「スーベニア」化してしまったのかといえば、必ずしもそうとはいえない。東京ディズニーランドでは、数多くのキャラクターグッズがおみやげとして売られているが、その全売り上げの約四割を、菓子をはじめとする食品類が占めているという[67]。（以上は二〇〇三年時点の報道に基づく。近年の東京ディズニーリゾートにおける菓子類売り上げは不明。単純比較はできないことに注意を必要とするが、運営会社であるオリエンタルランド社の決算資料によれば、同社が運営する他の商業施設での売り上げを含む「商品販売収入」のうち、約二五パーセントを「菓子」が占めている）[68]。ディズニーランドというアメリカナイズの極致を行く施設ですら、食べ物みやげがそれほどまでにプレゼンスを示しているのである。この事実は、大いに注目する必要があるだろう。アナハイムや香港、パリといった世界各地のディズニーランドで、どのような品が売られているのかについて、筆者はすべてを実地に確かめることはできていない。しかし、日本と同じような状況は、想定しづらい。

それらは、クッキーやチョコレート、煎餅などが主流だが、いずれもディズニーのキャラクターなどを前面に打ち出しており、食品としての内容が特徴的というわけではない。また、和風をコンセプトとした商品も少なくないが、比較的日持ちのする菓子類ばかりであるということは共通している。

おみやげを配る、という根強い習慣

また、近年でもおみやげを選ぶ際には、次のようなことを気にするのが一般的であるという。

「お土産選びのポイントは土地柄、お国柄が出ていて、なおかつ安いこと。香港では、スーパーマーケットで売っている現地フツーのお菓子。パッケージに外国語が書かれていることがポイントよ[69]」

たとえ外国に行った場合でも、その土地へ行ったことを証明、記念することが不可欠な要素なのである。だから、海外旅行に行く前に、あらかじめおみやげを注文しておくビジネスが成り立っている。おそらく、自分用のおみやげを購入するために、そのシステムを利用することは皆無に近いだろう。やはり、おみやげを配るという習慣は根強いのである。

また、おみやげを選ぶ際に、分配のしやすさが意識されていることにも注目したい。

「個別包装になっていて、その包装に行った先の地名が書いてあればＯＫ、中身は二の次ね。とにかく配る時に切る必要がないもの（略）」[70]

事実、近年のおみやげには個別包装が多くなり、配りやすいよう対応が進んできたのである。[71]

たしかに、赤福などのように個別の包装がなされていない菓子では、配られた人々がその場で共食するということが前提となっている。個別包装のおみやげの伸長は、共食という前提がなくなりつつも、旅のおかげを分かち合うニーズは根強いことを、雄弁に物語っている。

こうしてみると、おみやげを配るという風習自体は、基本的にはさほど変化がないことがわかる。たしかに、かつてのように、親類縁者や地域の人々に幅広く配るという行為こそ、現在では少なくはなっているだろう。こうした習慣は、講で積み立てをしていたり、出発に際して餞別を貰っていたりと、「配らなければならない」事情が存在していたことにも依っている。

だが、共同体の人間関係から、現代人が完全に切り離されているわけではない。依然として、家族、友人、職場といった関係は存在している。おみやげを配り、旅のおかげを分かつという習慣自体は、時代の状況に応じた形で、根強く残っているのである。

土地のステレオタイプとおみやげ

日本のおみやげ、名物は、その土地にまつわる由緒や来歴が重視されるということを、本書では再三述べてきた。

ここまで明らかにしてきたように、時代が下るにしたがって、神仏や歴史との直接的な結びつきが薄まってきたのは、たしかなことである。それでも、温泉、自然や名所といった旧来型の観光旅行は、減少しつつも依然として主流を占めている。[72]

各地のおみやげづくりに関わってきた経営コンサルタントの小林章は、「どんな町でも町史をひもとけば土産物のヒントはみつかるはずだ」[73]と断言する。日々新たに作り出される日本各地のおみやげにも、依然として歴史的由緒との関連性が強く意識されているのだ。少なくとも、土地や地域性との結びつきが、一般商品と観光おみやげ品を分かつ大きなファクターとなっている。[74]依然として、「地域特性」と「観光資源」と「地場商品」、この三つの情報をセットした商品が、おみやげには多いのである。[75]

こうした傾向は、外国と比べるとより明瞭となる。近年、日本を訪れる中国人観光客が増加してきたが、彼らも大々的におみやげ品の購入をすることで知られている。ところが、中国人観光客は、ドラッグストアや百円ショップの商品、炊飯器をはじめとする電気製品など、圧倒的に実用品を好む傾向があるという[76]。そうした面で、日本人のおみやげの文化とは大きく異なるところがある。

現代における日本人団体客の行動を分析した濱名篤は、上海のおみやげ店では、日本人向けにパンダ・チョコレートやパンダのぬいぐるみの類が、大いに販売されていることを紹介している。動物園以外に、上海にはパンダなぞ生息しないにもかかわらず、である。濱名は、中国といえばパンダという「ステレオタイプ的なイメージ」から、日本人ツアー客はこれらを求める傾向があると指摘する[77]。

元来、日本のおみやげが、その土地に行ってきたことを証明する性格が強かったことを考えると、これら「ステレオタイプ」がその土地をイメージできるものとして好まれるのは、自然ともいえる。序章で触れた、ハワイのマカデミアナッツチョコレートにしてもそうだが、日本人は海外に出かけた場合でも、日本国内の名物おみやげの代用として、チョコレートのような菓子類をおみやげとすることが少なくない[78]。

おみやげ商法からみえること

一方ではかつて大阪梅田の地下街にあった「アリババイ横丁」のように、こうした傾向を逆手に取った商法もある。アリバイ横丁とは、阪神百貨店前の地下道にあった、各都道府県別のおみやげ品販売コーナーのことである。その起源は、昭和二十六年にさかのぼる。戦前からあった大阪駅前地下街の一部の地下道について、大阪市が、「女性や子どもが安心して通れる明るい地下道に」したいと阪神電鉄に依頼したことが、その発端である。

その当初は、全国的にも珍しい「全国銘菓名物街」として出発し、ピーク時の平成三年には三十六店舗が軒を連ねた。[79]「アリバイ横丁」の通称は、実際には行っていない旅行の証拠を捏造できる、ということからついたとされている。このことは、その土地に行ったことを証明するという、おみやげの機能を逆の形で応用したものといえよう。[80]

また、海外旅行者向けの商法の一つとして、出発前に商品を選んで注文し、帰国してから宅配されるというサービスがあることを、先ほど少し述べた。やや古いデータになるが、おみやげ宅配業者の一つＲＨトラベラー（現レッドホースコーポレーション）では、平成十年に海外おみやげとして注文を受けたうち、約五割が菓子をはじめとする食品類であったとされる。[81]

近年、個人旅行が次第に主流を占めるようになってきたことは、旅の質も変容させている。その一つの表れとして、「暮らすように、旅をする」ということが強調されるようになってきた。そうした中で、その土地の日用雑貨や生活必需品が、おみやげとしてクローズアップされるようになってきている。[82]こうした品々のほとんどは、直接その土地を記念するためには作られていない。だが、その土地にまつわるものということが、いまだおみやげの重要な要件ともなっていることがわかる。

　日本社会が大きく変動してきた中で、おみやげも大きく変化しているのはまちがいない。その中で、スーベニア的な要素とおみやげ的な要素とが、相克を繰り返してきているとみることもできるだろう。そして、そうした変化をともないながらも、おみやげは生き続けているのだ。

「アリバイ横丁」(毎日新聞社、1954年撮影)

終章　近代の国民経験とおみやげ

本書では、近代日本における、おみやげと名物の形成、そしてその変容の歴史を追ってきた。これまでの議論をふりかえって、まとめとしたい。

すでに本書の中で明らかにしてきたように、現在のようなおみやげは、古くより存在していたわけではない。近世から名物は存在したし、それをおみやげとして持ち帰るという文化、ないしは風習は存在した。だが、近世的な名物と近代のおみやげとの間には大きな断絶、とまではいえないにしても、懸隔が存在していたことはたしかである。

この、文化ないしは風習としてのおみやげが、近代日本社会の中でどのように形成され、変容していったのかを明らかにすることが本書の課題であった。その過程を通じて明らかとなってきたのは、近代の政治経済システムとの密接不可分な関係性である。具体的には、鉄道、軍隊、博覧会といった、近代国家を支えてきた装置との深い関わりであった。

その中でも鉄道の役割はきわめて大きなものである。鉄道が近代化に与えた影響は、これまで数多くの研究が指摘してきた。工業化や都市化といった社会経済に直接かかわる分野だけでなく、行楽をはじめ生活と密接に関わる側面についても、近年の研究では重視されるようになってきた。その中では、遊園地やハイキングなどのモダンな行楽だけではなく、初詣をはじめとする社寺参詣についても、鉄道が深く関わっていたことが明らかとなってきている[1]。

鉄道の登場によって、それまで現地で食べることが前提であった名物を、おみやげとして持ち帰ることができるようになった。こうした前提条件の変化に応じて、安倍川餅が餅から求肥に変わったことにも象徴的に示されるように、内容の改良も進行していった。また、鉄道停車場の構内での販売によって、知名度を全国規模で拡散させたことが、名物としての地位確立に大きく寄与した。こうして鉄道が先鞭をつけた構造のもとに、高度成長期以降は、航空機や高速道路も、同様の役割を果たすようになったのである。

博覧会の果たした役割も見逃すことはできない。

万国博覧会や内国勧業博覧会は、帝国主義の祭典という性格を持つとともに[2]、欧米の技術を習得し、それを各地域へと拡散させていくという役割が強調されてきた[3]。一方で、明治時代を中心に全国各地で頻繁に開かれた博覧会や共進会は、国内の技術や情報の普及促進機能があったことも指摘されている[4]。各地の名物は、こうした催しで評価にさらされ、同種の製品と比較され審査されることで、品質の改良が進むとともに、全国的な知名度を獲得していった。

名物やおみやげとは直接関係なさそうな戦争や軍隊も、大きな影響を及ぼしてきた。軍隊および戦争は、近代国家が体験してきた装置や状況の中でも最も国民に影響を与えてきたものの一つである。国民経験としての戦争や軍隊をめぐっては近年研究が盛んに進められてきたが、大きくみると、直接的な戦場経験自体を問題とするもののほか、徴兵制を軸とする軍隊教育、[5] 地域社会との関係を重視したものなどにその研究動向は大別することができるだろう。[6]

その中でも、日清戦争は、近代日本が初めて体験した本格的な対外戦争であり、その過程を経て国民が形成されたという点で、極めて特異な位置づけを与えられている。そして、戦争や軍隊を通じての体験は、軍事的、政治的影響にとどまるものではない。吉備団子を分析した加原奈穂子も、名物の成立にまつわる物語の形成をめぐって、日清戦争の画期性を指摘している。[7] その後も、近代国家の装置としての戦争および軍隊は、継続的かつ広範な影響を、おみやげに与え続けてきた。

一つは、物語の形成に深くかかわる場合である。とりわけ日清・日露戦争では戦局が有利に展開したこともあり、吉備団子や宮島の杓子のように戦争の正当性と深く結びつく形で名物としての地位を確立していった。

二つめは、戦争や軍隊という国民的な規模を持つシステムを通じて、その知名度を拡大させてきたことである。自社製品を入れた慰問品を販売したように、業者側もこうした装置を通じて、意識的にその拡大を図ってきたところもある。

三つめは、流通先としての軍隊の役割である。さらに機械化や保存技術の向上など、実際の生産の局面においても、少なくない影響があっただろう。

こうした構造は、戦争が有利に展開し、物資の生産や流通が順調に機能していることが前提である。それが崩れると、逆に縮小再生産を強制する役割を果たすのであり、極めて危ういシステムであった。

また、戦時期の後半には、ほとんどの人々が深刻な食糧や物資の不足に直面してきた。それ故に、軍隊と戦争というと、そうした影響ばかりが強調されてきた傾向がある。だが、戦争や軍隊という国民経験を経ることが、近代のおみやげを形作る上で大きな役割を果たしてきたことも、否定することができない。

本書で挙げた、鉄道、博覧会、戦争や軍隊の果たした機能には、共通する部分が少なくない。だが、こうしたシステムは個々に作用していたわけではなく、それぞれのはたらきが複合的に結びつくことで、結果として近代おみやげの形成に影響を与えていた。そのような意味で、近代のおみやげは、勝れて近代の産物ということができる。また、その過程で重要だったのは、近代的なシステムが、名物を全国的に伝播させる上で果たした役割であった。

高度成長期を境に、社会や交通、旅行のあり方など、おみやげを取り巻く環境は大きく変動した。だが、それでもなお、日本独特の名物の特徴、おみやげの風習が、しぶとく生き残ってきた姿を確認することができた。少なくとも、日本でおみやげとして存立するためには、その土地にまつわる何らかの由緒や来歴による「名物」化が必要であり、それを人に配るという風習は基本的には変わっていないのである。これは、欧米のスーベニアなどはもちろん、必ずしも「名物」化を重視しない中国など東アジアのおみやげ文化とも、大きく異なっている。

本書でとりあげた鉄道、博覧会、戦争と軍隊という国民経験としての近代的装置は、全国的な規模での名物化とおみやげ化を進展させた。だが、それと同時に、平準化、均質化ももたらすという点で、両義性を有していた。その両者の相克の中で、日本近代のおみやげが展開してきたのである。

戦時体制期の観光について分析したケネス・ルオフは、この時期においても、ナショナリズムと一体化した近代化の流れによって、消費と観光が振興したことを明らかにした[8]。そして、それは、この時期に限られたものというわけではない。本書でもみてきたように、政治体制や短期的な政治状況の如何にかかわらず、近代的システムの中で、日本のおみやげ文化は生成を遂げてきたのである。

注

［序章］

1　二〇〇一～二〇〇二年大英博物館開催 "Souvenirs in Contemporary Japan" パンフレット
2　日本交通公社編『観光の現状と課題』（日本交通公社、一九七九年）五五〇頁
3　中牧弘允「日本人がつくったハワイ土産――マカデミア・ナッツ」『大阪新聞』（二〇〇一年十一月十六日）
4　Katherine Rupp "Gift-Giving in Japan: Cash, Connections, Cosmologies", Stanford University Press, 2003, p.70
5　神崎宣武『おみやげ――贈答と旅の日本文化』（青弓社、一九九七年）二一八頁
6　例えば、橋本和也『観光経験の人類学――みやげものとガイドの「ものがたり」をめぐって』（世界思想社、二〇一一年）、鍛冶博之「観光学のなかの土産物研究」『社会科学』（七七号、二〇〇六年）など。
7　例えば、吉備団子については加原奈穂子「旅みやげの発展と地域文化の創造――岡山名物「きびだんご」の事例を中心に」『旅の文化研究所研究報告』（一三号、二〇〇四年）、北海道八雲町の木彫りの熊については大石勇『伝統工芸の創生――北海道八雲町の「熊彫」と徳川義親』（吉川弘文館、一九九四年）などがある。
8　前掲『おみやげ』一五六頁
9　神崎宣武『江戸の旅文化』（岩波新書、二〇〇四年）一六五頁
10　前掲『江戸の旅文化』一六六、一六七頁
11　前掲『おみやげ』二〇～二七頁
12　前掲『おみやげ』一四六頁

13　エリザベート・クラヴリ著、遠藤ゆかり訳『ルルドの奇跡——聖母の出現と病気の治癒』（創元社、二〇一〇年）八五、八六頁
14　前掲『おみやげ』二〇〇頁
15　甲斐園治『旅客待遇論——一名・鉄道員の理想』（列痴社、一九〇八年）一八四、一八五頁
16　前掲『おみやげ』一五六頁
17　前掲『おみやげ』一五八、一五九頁
18　宇治市歴史資料館編『幕末・明治京都名所案内——旅のみやげは社寺境内図』（宇治市歴史資料館、二〇〇四年）四、五頁
19　前掲『江戸の旅文化』一三一頁
20　池上真由美『江戸庶民の信仰と行楽』（同成社、二〇〇二年）三五頁
21　「菓子旅行（二）（新橋から下の関まで）」『菓子新報』（九八号、一九一二年七月十日）
22　前掲『観光経験の人類学』五頁
23　「東海道名物菓子」『第六十六回虎屋文庫資料展　旅先の口福「和菓子で楽しむ道中日記」展』解説パンフレット（二〇〇六年五〜六月）
24　野村白鳳『郷土名物の由来　菓子の巻』（郷土名物研究会、一九三五年）八三、八四頁
25　前掲『郷土名物の由来』一九九、二〇〇頁

［第1章］

1　ヴォルフガング・シヴェルブシュ著、加藤二郎訳『鉄道旅行の歴史——19世紀における空間と時間の工業化』（法政大学出版局、一九八二年）、小島英俊『鉄道という文化』（角川選書、二〇一〇年）
2　前掲『おみやげ』一八四〜一八六頁

3 前掲『おみやげ』一八二頁
4 「ハモ 年首の進物となる」『読売新聞』(一八九〇年一月一日)
5 「京の華」新撰京都叢書刊行会編著『新撰京都叢書 第八巻』(臨川書店、一九八七年)三一八、三一九頁
6 大江理三郎『京都鉄道名勝案内』(京都鉄道名勝案内発行所、一九〇三年)三二頁
7 前掲「京の華」三一九、三二〇頁
8 大正十五年当時、八ツ橋の年間生産額が西尾為治だけで三十五万円に達していたのに対し、花より団子は八千円であった(前掲「京の華」三〇九、三二〇頁)。
9 前掲『郷土名物の由来』一七頁
10 「駿河名物」『風俗画報』(二三五号、一九〇一年)
11 田辺昌雄「静岡名物安部川(ママ)餅」『旅』(一九二六年五月)
12 前掲『郷土名物の由来』一五頁
13 牧野靖偲郎「名物をたづねて」『旅』(一九二九年十二月)
14 柘植清『静岡市史余録』(柘植清、一九三二年)四九八頁
15 前掲「駿河名物」
16 同右
17 前掲『静岡市史余録』四九九頁
18 「東海道の各駅名物」『風俗画報』(三三四号、一九〇六年)
19 鉄道院編『本邦鉄道の社会及経済に及ぼせる影響 下巻』(鉄道院、一九一六年)一四七一～一四七六頁
20 西嶋晃「近世における名物販売の確立と地域への影響――東海道小夜中山飴の餅を中心として」『駒澤大学大学院史学論集』(三八号、二〇〇八年)
21 「遠江名物」『風俗画報』(二三八号、一九〇一年)

22　「日永村の長餅」『風俗画報』（二六二号、一九〇三年）
23　前掲『郷土名物の由来』三八頁
24　前掲『郷土名物の由来』三九頁
25　坂本広太郎『伊勢参宮案内記』（交益社、一九〇六年）一四八頁
26　前掲『郷土名物の由来』四六頁
27　大橋乙羽篇「千山万水（抄）」福田清人編『明治文学全集94　明治紀行文学集』（筑摩書房、一九七四年）
28　前掲『郷土名物の由来』八二頁
29　前掲『郷土名物の由来』一七五、一七六頁
30　大野靖三編『会員の家業とその沿革』（国鉄構内営業中央会、一九五八年）一頁
31　「「駅ナカ」課税　来年度にも強化」『日経MJ』（二〇〇六年十一月十七日）
32　日本国有鉄道編『日本国有鉄道百年史　第三巻』四一六頁、『同第八巻』一一五頁（日本国有鉄道、一九七一年）
33　先に登場した加藤かくは滝蔵の妻であり、明治二十五年に滝蔵が死去するとかくが跡を継いだ（有賀政次『東海軒繁昌記』（東海軒、一九七六年）四頁）。
34　日本国有鉄道編『日本国有鉄道百年史　第一巻』（日本国有鉄道、一九六九年）五四四頁
35　合川豊三郎編『関西参宮鉄道案内』（鍾美堂本店、一九〇三年）一二頁
36　現在は中華料理店「信忠閣」として営業。
37　「伊勢参り」『東京朝日新聞』（一九〇三年四月二十九日）
38　神奈川県立歴史博物館編『特別展ようこそかながわへ　20世紀前半の観光文化』（神奈川県立歴史博物館、二〇〇七年）五二頁
39　前掲『日本国有鉄道百年史　第八巻』一一八、一一九頁

40　鉄道弘済会会長室五十年史編纂事務局編『五十年史』（鉄道弘済会、一九八三年）二三頁
41　「逐われる駅売店　まず六軒に宣告」『大阪毎日新聞』（一九三四年六月九日）
42　国立歴史民俗博物館編『旅——江戸の旅から鉄道旅行へ』（国立歴史民俗博物館、二〇〇八年）四二～四七頁
43　中川浩一『旅の文化誌——ガイドブックと時刻表と旅行者たち』（伝統と現代社、一九七九年）一九九、二〇〇頁
44　前掲「旅みやげの発展と地域文化の創造」
45　「吉備だんご」『風俗画報』（三九七号、一九〇九年）
46　岡長平『おかやま庶民史——目で聞く話』（日本文教出版、一九六〇年）一三六、一三七頁
47　参謀本部編『明治二十七八年日清戦史　第八巻』（東京印刷、一九〇七年）四四頁
48　前掲『明治二十七八年日清戦史　第八巻』四六、四七頁
49　原田敬一『日清・日露戦争』（岩波新書、二〇〇七年）七七頁
50　岡長平『岡山経済文化史』（松島定一、一九三九年）一〇三頁
51　岡長平『ぼっこう横町——岡山・聞いたり見たり』（夕刊新聞社、一九六五年）六〇一頁
52　前掲「旅みやげの発展と地域文化の創造」
53　前掲『おかやま庶民史』一三七頁
54　前掲「吉備だんご」
55　前掲『郷土名物の由来』一一九頁
56　加原奈穂子「未来へ向けた伝統創り——「桃太郎伝説地」岡山の形成」おかやま桃太郎研究会編『桃太郎は今も元気だ』（岡山市デジタルミュージアム、二〇〇五年）
57　前掲『郷土名物の由来』一一九頁

58　前掲「旅みやげの発展と地域文化の創造」
59　松川二郎『趣味の旅　名物をたづねて』（博文館、一九二六年）四〇〇頁
60　岡山商業会議所編『岡山市商工便覧』（岡山商業会議所、一九一六年）「岡山小案内記」内一六頁
61　前掲「吉備だんご」
62　拙稿「郊外行楽地の盛衰」奥須磨子、羽田博昭編著『都市と娯楽――開港期～1930年代』（日本経済評論社、二〇〇四年）
63　遅塚麗水編『京浜遊覧案内』（京浜電気鉄道、一九一〇年）三五頁
64　「穴守詣で（上）」『横浜貿易新報』（一九〇八年二月二十七日）
65　「京阪電車と名菓」『菓子新報』（七八号、一九一一年三月十日）
66　「菓子名物の由来」『はな橘』（一号、一九〇〇年）（京都府立京都学・歴彩館所蔵）
67　前掲「京の華」三〇八頁
68　宮島春齋「京名物」『風俗画報』（九四号、一八九五年六月）
69　前掲「菓子名物の由来」
70　西村民枝、俣野はる子「八ツ橋」『郷土研究』（三号、一九三六年）
71　前掲「京の華」三〇八頁
72　前掲「京の華」三〇九頁
73　京都市中小企業指導所編『京都八ツ橋業界診断報告書』（京都市中小企業指導所、一九八〇年）一四頁
74　前掲「京の華」三〇九～三二七頁
75　前掲『趣味の旅　名物をたづねて』三三八頁
76　聖護院八ッ橋総本店ホームページ http://www.shogoin.co.jp/ayumi.html（二〇一二年十一月二十六日アクセス〔現在はアクセス不可〕、二〇二四年現在は明治四十五年の記載なし〔会社概要内〕）

77 京都市観光局・京都市商工局・京都土産品審査委員会編『京みやげ実態調査報告書』(京都市観光局・京都市商工局・京都土産品審査委員会、一九五九年)一一一頁
78 聖護院八ッ橋総本店『弊社の「生い立ち」について同業者各位に訴える』(聖護院八ッ橋総本店、一九六九年)(京都府立京都学・歴彩館所蔵)
79 杉野圀明『観光京都研究叙説』(文理閣、二〇〇七年)六七五頁
80 武田真『銘菓の神話とマーケティングの話――菓子メーカー成功の理論とその実例』(中経出版、一九七七年)四一~五三頁
81 前掲『観光京都研究叙説』六六四~六九五頁
82 京都府編『京都府誌 下』(京都府、一九一五年)一六八頁
83 北尾キヨ、小林道子「五色豆」『郷土研究』(三号、一九三六年)
84 前掲『京都府誌 下』一六八頁
85 京都商工会議所編『京都商工要覧 昭和十三年版』(京都商工会議所、一九三八年)五〇五頁
86 関西名勝史蹟調査会編『大京都市観光案内』(関西名勝史蹟調査会、一九三二年)(付録)「大京都名物名産著名商店紹介沿革誌」
87 大山勝義『みちのくの菓匠たち――回顧五十年史』(東北菓子食料新聞社、一九七三年)一一八頁
88 熊谷恒二編『仙台及松島案内』(東北印刷、一九二一年)三〇頁
89 旭川市史編集会議編『新旭川市史 第四巻 通史四』(旭川市、二〇〇九年)四一一頁
90 槇鉄男『最近旭川案内』(上条虎之助、一九〇五年)六〇頁
91 加藤理『〈古都〉鎌倉案内――いかにして鎌倉は死都から古都になったか』(洋泉社新書y、二〇〇二年)一八一頁
92 前掲『趣味の旅 名物をたづねて』三八五頁

93 「各地名物煎餅しらべ」『東京朝日新聞』（一九三八年六月六日）
94 南海鉄道編『南海鉄道旅客案内 下巻』（南海鉄道、一八九九年）三九頁
95 松南生「東海道製菓膝栗毛（二）」『菓子新報』（一一五号、一九一三年十月十日）
96 前掲『趣味の旅 名物をたづねて』九一頁
97 高木博志『近代天皇制の文化史的研究――天皇就任儀礼・年中行事・文化財』（校倉書房、一九九七年）二七二～二七八頁、山口輝臣『明治国家と宗教』（東京大学出版会、一九九九年）二二九～二三三頁
98 佐藤道信『〈日本美術〉誕生――近代日本の「ことば」と戦略』（講談社選書メチエ、一九九六年）
99 「洋菓子 豊島屋」『読売新聞』（一九六一年四月一日夕刊）
100 「鎌倉市（神奈川県）伝統の技と味を守り新興地区には重化学工業（わが町 人と産業）」『日経産業新聞』（一九八五年七月二十六日）
101 前掲「洋菓子 豊島屋」
102 「土産物と名物」『かまくら』（一二号、一九一二年三月一日）
103 大橋良平編『現在の鎌倉』（通友社、一九一二年）一〇頁
104 前掲「洋菓子 豊島屋」

［第2章］

1 宮本常一編著『旅の民俗と歴史5 伊勢参宮』（八坂書房、一九八七年）一五六～一六七頁
2 前掲『江戸の旅文化』五六、五七頁
3 前掲『おみやげ』一六七～一八〇頁
4 執行猪太郎編『関西参宮鉄道案内記』（執行猪太郎、一八九八年）一九八頁
5 同右

6　赤福『赤福のこと――創業二百六十年記念』(赤福、一九七一年) 三七頁
7　宇治山田市編『宇治山田市史 上巻』(宇治山田市、一九二九年) 六二四頁
8　鈴木宗康『諸国名物菓子』(河原書店、一九四一年) 五八頁
9　大矢剣居編『伊勢参宮道中独案内』(吉岡平助、一八八九年) 三二、三三頁
10　桂香生「山田の名物」『文芸倶楽部』(八巻一四号、一九〇二年)
11　同右
12　前掲『赤福のこと』八七～八九頁
13　古川隆久『皇紀・万博・オリンピック――皇室ブランドと経済発展』(中公新書、一九九八年)
14　前掲『赤福のこと』八九～九二頁
15　前掲『赤福のこと』八八頁
16　浜田種助「赤福餅の由来」『宇治山田市史資料　勧業篇二』(伊勢市立伊勢図書館所蔵)
17　前掲『赤福のこと』八八頁。ただし、大正末期でも「おみやげ用の赤福は、竹の皮に包んである」(前掲『趣味の旅　名物をたづねて』二七二頁) という記述も見られるので、その後も長期にわたって用いられていた可能性もある。
18　「花の上野公園――東京大正博覧会」『東京朝日新聞』(一九一四年三月二十日)
19　「赤福――伊勢の心と伝統貫く　食文化もとに多角化も(変身する中堅食品)」『日経産業新聞』(一九九一年二月二十五日)
20　吉田敬二郎『日本各地の名物菓子』(食糖新聞社、一九四九年) 九六頁
21　近畿日本鉄道株式会社編『近畿日本鉄道100年のあゆみ』(近畿日本鉄道株式会社、二〇一〇年) 八二、八三頁
22　前掲『近畿日本鉄道100年のあゆみ』九〇頁

23　大阪電気軌道株式会社編『大阪電気軌道株式会社三十年史』（大阪電気軌道株式会社、一九四〇年）三二七頁
24　前掲『近畿日本鉄道100年のあゆみ』九四頁
25　平山昇「明治・大正期の西宮神社十日戎」『国立歴史民俗博物館研究報告』（一五五集、二〇一〇年）
26　北村甚蔵『伊勢参宮要覧』（高千穂出版部、一九二九年）
27　前掲『伊勢参宮要覧』一六頁
28　前掲『伊勢参宮要覧』四三〜五四頁
29　前掲『伊勢参宮要覧』七三頁
30　前掲『大阪電気軌道株式会社三十年史』参宮急行電鉄編、九九頁
31　白幡洋三郎『旅行ノススメ――昭和が生んだ庶民の「新文化」』（中公新書、一九九六年）一三六〜一四九頁
32　平山昇はこうした「本音」や「実態」が、理念にも影響を及ぼすという見解を提出している（「関西私鉄による「聖地」巡拝ルート形成」鉄道史学会二〇一〇年度大会共通論題報告）。確かに戦時体制期における神社参拝とナショナリズムとの関係を考える場合は、無視できない要素であると筆者も考えるが、今回とりあげているおみやげの展開のような極めて即物的な事象を分析する場合は、できるだけ実態に即した次元に着目すべきとも考えている。
33　京都府立産業能率研究所編『京都市内観光サーヴィス調査報告書』（京都府立産業能率研究所、一九五二年）一一四頁
34　松南生「東海道製菓膝栗毛（八）」『菓子新報』（一二二号、一九一四年三月十日）
35　小島武「直販から多様化する名物――伊勢の赤福」『近代中小企業』（臨時増刊一五四号、一九七七年）
36　中村太助商店編『伊勢参宮の栞』（中村太助商店、一九三七年）三七〜三九頁（三重県立図書館所蔵）
37　桐井謙堂『三重県の産業と産業人』（名古屋新聞社地方部、一九三〇年）三六二、三六三頁

38 前掲『三重県の産業と産業人』三六三頁
39 国際観光局編『観光土産品販売店調』(国際観光局、一九三三年)二六、二七頁
40 前掲『京みやげ実態調査報告書』一一頁
41 前掲『京みやげ実態調査報告書』一六頁
42 田中弁之助「京極沿革史」新撰京都叢書刊行会編著『新撰京都叢書 第一巻』(臨川書店、一九八五年)
43 ツーリスト・サービス社編『京みやげ』(ツーリスト・サービス社、一九三七年)広告欄
44 山村高淑「日本における戦後高度経済成長期の団体旅行に関する一考察——「職場旅行」隆盛化の実態とその背景について」『旅の文化研究所研究報告』(二〇号、二〇一一年)
45 日本交通公社編『旅行者動向 別冊——旅行者の行動と意識の変化 1999~2008』(日本交通公社観光文化事業部、二〇一〇年)三一頁
46 「伊勢名物「神代餅」、神宮前にカフェ「茶房太助庵」——倉庫をリノベーション」『伊勢志摩経済新聞』(二〇〇八年九月二日、https://iseshima.keizai.biz/headline/531/ 二〇一二年一月三十日アクセス)
47 商工興信合資会社編『商工興信録 本州中部地方』(商工興信合資会社、一九一九年)三重県、四四~五一頁
48 「貴族院多額納税者議員互選資格者見込表」渋谷隆一編『大正昭和日本全国資産家・地主資料集成 第二巻』(柏書房、一九八五年)
49 前掲『赤福のこと』一一八~一二一頁
50 伊勢参宮会編『国民記念 伊勢参宮読本』(神風荘、一九三七年)三七頁
51 前掲『日本各地の名物菓子』七二頁。ただし生姜糖は複数の生産業者があり、製品に使用する砂糖の割合も高いということに留意する必要はある。
52 宇野季治郎『宇治山田ノ実業』(一九二四年)〔神宮文庫所蔵〕
53 前掲『宇治山田市史資料 勧業篇二』

54　前掲『宇治山田ノ実業』
55　駒敏郎「老舗・美とこころ1　伊勢の赤福」『日本美術工芸』（四一二号、一九七三年）
56　木造春雨「絲印煎餅の由来」（一九一一年五月）前掲『宇治山田ノ実業』。なお、絲印煎餅にも同文を記載したしおりが付されている。
57　「日本の都市（五九）」『大阪時事新報』（一九一一年四月二十二日）
58　「300年の愛情菓子に包む（3）赤福会長浜田益嗣氏（人間発見）」『日本経済新聞』（二〇〇五年十二月十四日夕刊）
59　前掲『近畿日本鉄道100年のあゆみ』二五〇〜二五三頁
60　「汚された暖簾　赤福社長　浜田典保」『日経ビジネス』（一四二二号、二〇〇七年）
61　前掲「直販から多様化する名物——伊勢の赤福」
62　例えば、「名古屋土産、ういろうから赤福へ」『日本経済新聞』（一九九〇年四月九日名古屋夕刊）や、「（おしえてランキング）JR新大阪駅のおみやげ」『朝日新聞』（大阪地方版二〇〇五年五月一日）など。
63　前掲「直販から多様化する名物——伊勢の赤福」
64　「餅の赤福（三重県伊勢市）（上）伊勢神宮とともに（老舗）」『日経流通新聞』（一九八六年一月十三日）
65　「赤福社長浜田益嗣氏——伊勢路に「もてなしの心」（中部の百人）」『日本経済新聞』（一九九一年五月十一日名古屋夕刊）
66　前掲「直販から多様化する名物——伊勢の赤福」
67　「独自の企業文化をめざし町の再開発事業に積極参加——トップインタビュー　浜田益嗣赤福社長」『WEDGE』（三巻三号、一九九一年）
68　「順法意識　甘さ露呈　赤福偽装2年で41万箱」『朝日新聞』（三重版二〇〇七年十一月二十一日）
69　前掲「汚された暖簾　赤福社長　浜田典保」

70 「赤福の「赤福餅」――伝統の製法守り上質の甘さ提供（長生き商品の秘密）」『日経流通新聞』（一九九二年三月二十八日）
71 「赤福生産、本社に集約」『朝日新聞』（二〇〇八年一月二十九日）

［第3章］
1 吉見俊哉『博覧会の政治学――まなざしの近代』（中公新書、一九九二年）
2 「（広告）東北名産品陳列会」『読売新聞』（一九一七年四月三十日）
3 「（広告）白木屋呉服店　雛人形陳列会　全国名産菓子陳列会」『東京朝日新聞』（一九一六年二月二日）
4 三越本社コーポレートコミュニケーション部資料編纂担当編『株式会社三越100年の記録』（三越、二〇〇五年）九一頁
5 津金澤聰廣「百貨店のイベントと都市文化」山本武利、西沢保編『百貨店の文化史――日本の消費革命』（世界思想社、一九九九年）一三三頁
6 初田亨『百貨店の誕生』（三省堂選書、一九九三年）七～五八頁
7 三菱社誌刊行会編『三菱社誌 36 昭和六―九年』（東京大学出版会、一九八一年）七六六頁
8 三菱社誌刊行会編『三菱社誌 37 昭和一〇―一三年』（東京大学出版会、一九八一年）一〇二九頁
9 「丸ビルの地方物産陳列所（一～四・［五］・六）」『中外商業新報』（一九三四年二月九～二十二日）
10 「神奈川県下土産品の外人観光客売上高」『中外商業新報』（一九三二年十二月一日）
11 藤村義朗「外客誘致と観光土産品」『ツーリスト』（一三九号、一九三三年四月）
12 川崎正郷『伊勢神宮と参拝案内』（川崎正郷、一九二四年）四六頁
13 三好右京編『伊都岐島名勝図会』（東陽堂、一九〇九年）七五頁
14 原淳一郎『近世寺社参詣の研究』（思文閣出版、二〇〇七年）一七四～一八〇頁

15　森悟朗「近代における神社参詣と地域社会――神奈川県江の島を事例として」國學院大學編『日本文化と神道2』（國學院大學、二〇〇六年）

16　勝野正満編『江之島誌』（勝野正満、一八八九年）八頁

17　岡崎保吉『江のしま物語』（福島松五郎、一九〇七年）二七頁

18　浅野安太郎『江之島・片瀬・腰越』（江島神社、一九四一年）一七頁

19　半井桃水『江の島しるべ』（横沢次郎、一九二二年）七九頁

20　渡辺伝七述、高橋俊人筆記・編『渡辺伝七翁伝』（一九六三年）一五頁

21　前掲『渡辺伝七翁伝』一六頁

22　前掲『江のしま物語』二八頁

23　前掲『江の島しるべ』七九頁

24　小出五郎「江の島「貝細工」小史――渡辺伝七翁余録」『ちりぼたん』（九巻三号、一九七六年）

25　前掲『渡辺伝七翁伝』一六頁

26　前掲『江之島・片瀬・腰越』六頁

27　「沼津中学生の江島土産物万引」『東京朝日新聞』（一九一六年十二月九日）

28　前掲『観光土産品販売店調』八、九頁

29　「鎌倉雑記」『東京日日新聞』（一八九六年八月二十一日）

30　前掲『旅の民俗と歴史5　伊勢参宮』二〇八頁

31　清河八郎『西遊草』（岩波文庫、一九九三年）二一四頁

32　「厳島神社内の小物売」『芸備日日新聞』（一八九五年二月二十三日）

33　「厳島便信」『芸備日日新聞』（一八九五年二月二十八日）

34　『参宮鉄道案内原稿』（一九〇七年）（伊勢市立伊勢図書館所蔵）

35 坂田軍一『島のかをり』（宮島産物営業組合、一九三〇年）一四、一五頁
36 「宮島細工組合に付て」『芸備日日新聞』（一九〇八年十二月十日）
37 「一鼎百珍」『東京朝日新聞』（一九〇一年五月十一日）
38 日光市史編さん委員会編『日光市史 下巻』（日光市、一九七九年）一二八、一二九、四六五頁
39 牧駿次『日光の栞――日光案内書』（牧駿次、一九〇九年）一〇四頁
40 「日光羊羹の腐敗」『東京朝日新聞』（一九〇九年九月四日）
41 「鉄道弁当の品評」『菓子新報』（五九号、一九一〇年一月一日）
42 「関西の名菓調（西部鉄道管理局の取調）」『菓子新報』（八五号、一九一一年八月十日）
43 「日本の都市（五九）」『大阪時事新報』（一九一二年四月二十一日）
44 清川雪彦『日本の経済発展と技術普及』（東洋経済新報社、一九九五年）二四一～二四九頁
45 須永徳武「地域産業と商品陳列所の活動」中村隆英、藤井信幸編著『都市化と在来産業』（日本経済評論社、二〇〇二年）
46 國雄行「博覧会時代の開幕」松尾正人編『日本の時代史21 明治維新と文明開化』（吉川弘文館、二〇〇四年）
47 國雄行『博覧会の時代――明治政府の博覧会政策』（岩田書院、二〇〇五年）一六三頁
48 小林儀三郎編『菓子業三十年史』（菓子新報社、一九三六年）二七九頁
49 奈良市編『奈良市史』（奈良市、一九三七年）五二七頁
50 高木博志『近代天皇制と古都』（岩波書店、二〇〇六年）四九～五二頁
51 『大正四年 土産物共進会一件書類』（高市郡役所文書、2・6-T4-4）（奈良県立図書情報館所蔵）
52 「高市郡土産品懸賞募集当選」『大正十二年 土産品懸賞募集一件』（高市郡役所文書、2・6-T12-6）
53 「土産品ノ現品及図案懸賞募集趣意」前掲『大正十二年 土産品懸賞募集一件』

54　『大正十二年 土産品懸賞募集出品人名簿』（高市郡役所文書、2・6－T12－3）
55　例えば、前掲『旅行ノススメ』三二、三三頁。
56　前掲『旅行ノススメ』四五頁
57　日本旅行編『日本旅行百年史』（日本旅行、二〇〇六年）三一頁
58　同右
59　前掲『日本旅行百年史』三四、三六頁
60　前掲「外客誘致と観光土産品」
61　「観光客が日本へ落す金一年に五千四百万円」『神戸新聞』（一九三一年一月二十二日）
62　前掲『京都商工要覧 昭和十三年版』五〇五頁
63　「観光土産品々種別販売店数一覧」前掲『観光土産品販売店調』
64　前掲「神奈川県下土産品の外人観光客売上高」
65　神奈川県観光連合会編『神奈川県観光連合会要録』（神奈川県観光連合会、一九三五年）五一頁（横浜開港資料館所蔵）
66　「旅行博覧会」『神戸又新日報』（一九一三年一月三十一日）
67　旅行博覧会編『旅行博覧会報告』（旅行博覧会、一九一三年）七三頁
68　すでに明治二十三～二十四年頃には、京都で製菓競技会が開催されていることが確認できる（前掲『菓子業三十年史』一七八～一七九頁）。
69　「社説 菓子飴大品評会」『菓子新報』（七一号、一九一〇年一月十日）
70　「帝国菓子飴大品評会」『東京朝日新聞』（一九一一年四月十一日）
71　前掲『菓子業三十年史』四〇五頁
72　仙台菓子商組合編『第十回 全国菓子大博覧会誌』（第十回全国菓子大博覧会事務所、一九三五年）七頁

73　大橋弥市編『濃飛人物と事業』（大橋弥市、一九一六年）一八五頁
74　「柿羊羹」『菓子新報』（一一号、一九〇七年三月一日）
75　なお、羽根田を創業者とする両香堂本舗は、現在岐阜市久屋町に本拠を置いているが、このころには大垣市本町で営業していた（前掲『商工興信録　本州中部地方』岐阜県、二七頁）。
76　「菓子審査談」『はな橘』（一号、一九〇〇年）〔京都府立京都学・歴彩館所蔵〕
77　第五回内国勧業博覧会事務局編『第五回内国勧業博覧会審査報告　第一部　巻之十　第三類　製造飲食品　菓子飴』（長谷川正直、一九〇四年）二三頁
78　同右
79　前掲『第五回内国勧業博覧会審査報告　第一部　巻之十　第三類　製造飲食品　菓子飴』二四頁
80　同右
81　前掲『濃飛人物と事業』一八五頁
82　同右
83　前掲『菓子業三十年史』四五三、四五四頁
84　「大垣の柿羊羹」『風俗画報』（二三二号、一九〇一年）
85　前掲『趣味の旅　名物をたづねて』二二一頁
86　前掲『郷土名物の由来』七〇、七一頁
87　「駅売りする名物と弁当に就て」『趣味と名物』（四巻三号、一九二五年）。ただし原調査は『週刊鉄道公論』大正十三年十一月号上で行われたものという。

〔第4章〕

1　元文五（一七四〇）年にいったん禁止されるが、安永三（一七七四）年再開。広島県教育委員会編『厳島

民俗資料緊急調査報告書』（広島県教育委員会、一九七二年）二八頁
2　前掲『西遊草』一九六頁
3　前掲『伊都岐島名勝図会』七四頁
4　前掲『島のかをり』九、一〇頁
5　前掲『島のかをり』八五頁
6　広島県物産陳列館編『内外商工彙報』（広島県物産陳列館、一九一八年）一七頁
7　前掲『島のかをり』一三頁
8　前掲『厳島民俗資料緊急調査報告書』五八頁
9　山本文友堂編『安芸　宮島案内記』（山本文友堂、一九〇一年）四一頁
10　前掲『明治二十七八年日清戦史　第八巻』四六頁
11　桧山幸夫「国民の戦争動員と「軍国の民」」桧山幸夫編『近代日本の形成と日清戦争――戦争の社会史』（雄山閣出版、二〇〇一年）
12　高山昇「厳島雑話」厳島神社社務所編『厳島記念講演』（厳島神社社務所、一九二二年）
13　厳島神社社務所編『厳島』（厳島神社社務所、一九二八年）八四頁
14　山陽鉄道株式会社編「明治三七、八年戦役ニ関スル軍事輸送報告」『明治期鉄道史資料　第Ⅱ期　軍事輸送記録（Ⅲ）』（日本経済評論社、一九八九年）
15　「厳島　惨禍　輸卒隊長の談」『東京朝日新聞』（一九〇五年十二月二十二日）
16　「宮島細工の売れ行き」『芸備日日新聞』（一八九五年十月三十日）
17　横井円二『戦時成功事業』（東京事業研究所、一九〇四年）
18　前掲『戦時成功事業』五頁
19　前掲『戦時成功事業』二六頁

20 「軍隊と広島」『芸備日日新聞』(一九〇六年一月九日)
21 仙台市史編さん委員会編『仙台市史 特別編4 市民生活』(仙台市、一九九七年)三三四頁、人間文化研究機構国立歴史民俗博物館編『佐倉連隊にみる戦争の時代』(国立歴史民俗博物館、二〇〇六年)三八〜四二頁
22 佐々木一雄『兵営春秋』(青訓普及会、一九三〇年)二五五頁
23 呉郷土史研究会編『呉軍港案内 昭和九年版』(呉郷土史研究会、一九三三年)一六〇頁
24 前掲『島のかをり』八八頁
25 『宮島の産物』(宮島観光協会パンフレット、二〇〇三年)
26 神田三亀男「広島食文化採訪ノート──紅葉饅頭由来記」『広島民俗』(四五号、一九九六年)
27 宮島菓子組合ホームページ http://momijimanjuu.com/oitati.htm (二〇一二年十一月二十六日アクセス〔現在はアクセス不可〕)
28 前掲「広島食文化採訪ノート」
29 前掲『厳島民俗資料緊急調査報告書』一二〇〜一二二頁
30 中国六県聯合畜産馬匹共進会広島県協賛会編『広島県小誌』(森田俊左久、一九一二年)三四八頁
31 東皓傳ほか『ミヤジマ・プロジェクト』(広島修道大学総合研究所、二〇〇二年)六〇頁
32 「下関東京間鉄道沿線名物陳列一覧」『名物及特産』(二巻三号、一九二三年)
33 前掲『厳島』八六頁
34 前掲『趣味の旅 名物をたづねて』四〇八頁
35 前掲「広島食文化採訪ノート」
36 前掲『ミヤジマ・プロジェクト』六〇頁
37 同右
38 宮島駅編『厳島案内』(宮島駅、一九三〇年)〔広島県立図書館所蔵〕

39　前掲「広島食文化採訪ノート」
40　「中国地方のキオスク、57年度は初のマイナス成長か」『日本経済新聞』（地方経済面中国A、一九八三年二月十八日）
41　前掲『会員の家業とその沿革』一〇〇頁
42　米倉屋「珍菓「バナナ饅頭」」（バナナ饅頭商品に記載）
43　前掲『会員の家業とその沿革』一〇〇頁
44　中村武久『バナナ学入門』（丸善ライブラリー、一九九一年）五四頁
45　村井吉敬編『鶴見良行著作集六 バナナ』（みすず書房、一九九八年）三頁
46　札幌鉄道局編『北海道鉄道各駅要覧』（北海道山岳会、一九二三年）
47　帯広商工会編『帯広観光案内』（帯広商工会、一九三九年）六一頁
48　前掲『伝統工芸の創生』一〇〜一二頁
49　札幌商業会議所編『札幌市特産品案内』（札幌商業会議所、一九二五年）八、九頁
50　金倉義慧『旭川・アイヌ民族の近現代史』（高文研、二〇〇六年）四一八〜四二五頁
51　前掲『菓子業三十年史』二七七頁
52　前掲『菓子業三十年史』三一一頁
53　台湾総督府鉄道部編『台湾鉄道名所案内』（江里口商会、一九〇八年）
54　台湾総督府交通局鉄道部編『台湾鉄道旅行案内』（台湾総督府交通局鉄道部、一九四〇年）九一頁
55　片倉佳史『台湾鉄路と日本人――線路に刻まれた日本の軌跡』（交通新聞社新書、二〇一〇年）四八〜五二頁
56　例えば、「台中名物募集好況」一九二六年七月三日、「『嘉義名物』審査発表さる」一九三一年一月二十四日、「花蓮港の名物は何」一九三二年三月二十三日、「新竹に名物生まる」一九三三年五月五日、「基隆名物土

産品の懸賞入選が決定」一九三九年七月十九日。以上、いずれも『台湾日日新報』。
57 「前田侯別邸の菓子品評会（金沢）」『東京朝日新聞』（一九一二年四月十日）
58 第五回全国菓子飴大品評会事務所編『第五回 全国菓子飴大品評会事務報告書』（第五回全国菓子飴大品評会事務所、一九二五年）五九頁
59 東方出版社編『日華遊覧案内——長崎と上海 改版』（東方出版社、一九二四年）二二五頁
60 台湾観光協会編『台湾観光案内』（台湾観光協会、一九七二年）一三二、一三三頁
61 赤井達郎『菓子の文化誌』（河原書店、二〇〇五年）一五四〜一五八頁
62 農商務省糖業改良事務局『砂糖ニ関スル調査』（糖業改良事務局、一九一〇年）
63 相馬半治「日本糖業発達史」野依秀市編『明治大正史 第九巻（産業篇）』（実業之世界社、一九二九年）五〇八〜五一一頁
64 明治八年という説もあるようだが、正確な年代は不明である（村岡安廣『肥前の菓子——シュガーロード長崎街道を行く』（佐賀新聞社、二〇〇六年）一四三頁）。
65 小城町史編集委員会編『小城町史』（小城町、一九七四年）七四九、七五〇頁
66 木下鹿一郎『佐賀案内』（木下鹿一郎、一九〇六年）七四頁
67 小城郡教育会編『小城郡誌』（木下泰山堂、一九三四年）二四四頁
68 前掲『小城町史』五〇六頁
69 村岡安廣『村岡安吉伝』（村岡総本舗、一九八四年）一〇頁
70 前掲『村岡安吉伝』一三頁
71 前掲『村岡安吉伝』八六頁
72 前掲『村岡安吉伝』八六、八七頁
73 前掲『村岡安吉伝』二八頁

74　前掲『小城町史』七五五頁、前掲『村岡安吉伝』一〇一～一〇六頁
75　株式会社佐賀玉屋２００周年記念冊子実行委員会『佐賀玉屋創業二百年記念誌』（株式会社佐賀玉屋、二〇〇六年）九頁
76　前掲『村岡安吉伝』六五頁
77　前掲『村岡安吉伝』一〇七頁
78　前掲『村岡安吉伝』八八頁
79　前掲『村岡安吉伝』四四頁
80　前掲『肥前の菓子』一四四頁
81　前掲『第五回 全国菓子飴大品評会事務報告書』五四頁
82　前掲『肥前の菓子』一五一、一五二頁
83　前掲『村岡安吉伝』六九頁
84　前掲『村岡安吉伝』九四頁
85　前掲『村岡安吉伝』七〇頁
86　永淵元斧編『佐賀県観光と名産』（佐賀県観光と名産社、一九三四年）一五頁
87　吉田銀治『成田山案内記』（成田山案内記発行所、一八九七年）二八頁
88　雪中庵雀志「成田詣」『文芸倶楽部』（七巻二号、一九〇一年）
89　黒川万蔵『成田名物の由来』（精研社、一八八五年）
90　大野政治『門前町成田の歩み』（「門前町成田の歩み」発行所、一九五五年）二八五頁
91　前掲『成田名物の由来』
92　前掲『門前町成田の歩み』二八五頁
93　前掲『成田名物の由来』

94 村上重良『成田不動の歴史』(東通社出版部、一九六八年) 二九八頁
95 前掲「成田詣」
96 前掲『門前町成田の歩み』二八五、二八六頁
97 前掲「成田詣」
98 植田啓次編『成田鉄道案内』(鉄道世界社、一九一六年) 三一頁
99 平林馬之助『成田みやげ』(平林馬之助、一九〇八年) 巻末広告欄 (成田山仏教図書館所蔵)
100 前掲『成田不動の歴史』二九八頁
101 米屋100周年社史編纂委員会編『米屋一〇〇年の歩み』(米屋株式会社、一九九九年) 四三頁
102 「成田の栗羊羹」『東京朝日新聞』(一九〇七年五月五日)
103 前掲『米屋一〇〇年の歩み』五七頁
104 諸岡謙一編『米屋羊羹創業者 長蔵翁を偲んで』(諸岡謙一、一九七三年) 四〇〇~四〇四頁
105 前掲『米屋一〇〇年の歩み』九八頁
106 前掲『成田みやげ』七一、七二頁
107 前掲「貴族院多額納税者議員互選資格者見込表」
108 野村藤一郎『成田町誌』(野村藤一郎、一九一二年) 一六二頁 (成田山仏教図書館所蔵)
109 成田町役場編『成田町之町勢』(成田町役場、一九三三年) (成田山仏教図書館所蔵)
110 成田山新勝寺編『成田山誌』(成田山新勝寺、一九三八年) 四九六~五三六頁
111 成田市史編さん委員会編『成田市史 近現代編』(成田市、一九八六年) 五二七頁
112 前掲『成田市史 近現代編』五三一頁
113 千葉県商工水産課編『千葉県の土産品』(千葉県商工水産課、一九三六年) 八四頁
114 前掲『米屋一〇〇年の歩み』一〇〇頁

115　前掲『成田市史　近現代編』六三二頁
116　前掲『門前町成田の歩み』三〇一頁
117　高岡裕之「観光・厚生・旅行――ファシズム期のツーリズム」赤澤史朗、北河賢三編著『文化とファシズム』（日本経済評論社、一九九三年）
118　前掲『千葉県の土産品』八五頁
119　前掲『米屋一〇〇年の歩み』一〇七頁
120　「機上から降らす羊羹　歓呼して踊る兵隊」『東京朝日新聞』（一九三九年三月十八日）
121　「〝甘い物が欲しい〟から「食物座談会」へ脱線」『東京朝日新聞』（一九三七年十月十八日）
122　前掲「観光・厚生・旅行」
123　「諸国名産品のゆくへ⑫山葵漬にきく世智辛さ」『朝日新聞』（一九四一年二月二十七日夕刊）
124　京成電鉄社史編纂委員会編『京成電鉄五十五年史』（京成電鉄、一九六七年）六四四頁
125　宮脇俊三『宮脇俊三鉄道紀行全集　第２巻　国内紀行Ⅱ』（角川書店、一九九九年）七七頁
126　「駅弁の新体制②　福井駅の興亜餅」『朝日新聞』（一九四一年四月十三日夕刊）
127　「変貌する街・草加」『東京日日新聞』（一九四一年六月二十一日）
128　「諸国名産品のゆくへ③桃太郎も歎く　気息えんえんの吉備団子」『朝日新聞』（一九四一年二月十四日夕刊）、「諸国名産品のゆくへ⑩土産の都今やなし〝八ツ橋〟も諺の仲間入り？」『朝日新聞』（一九四一年二月二十五日夕刊）
129　池元有一「菓子製造業の企業整備」原朗、山崎志郎編著『戦時日本の経済再編成』（日本経済評論社、二〇〇六年）
130　前掲『赤福のこと』一三九頁
131　「諸国名産品のゆくへ㉑哀調おびる木彫の熊」『朝日新聞』（一九四一年三月十四日夕刊）

132 前掲『米屋一〇〇年の歩み』一一一頁
133 前掲『米屋一〇〇年の歩み』一二三頁
134 前掲『米屋一〇〇年の歩み』一二四頁
135 前掲『米屋一〇〇年の歩み』一二四、一二五頁
136 E・S・モース著、石川欣一訳『日本その日その日 1』（東洋文庫一七一、一九七〇年）七〇頁
137 神奈川県植物調査会編『箱根植物』（三省堂書店、一九一三年）一三三頁
138 箱根物産連合会『箱根物産史』（箱根物産連合会、一九七八年）七八～八九頁
139 前掲『箱根植物』一四〇頁
140 前掲『箱根物産史』一六三頁
141 前掲『箱根物産史』九五頁
142 箱根物産同業組合編『箱根物産』（箱根物産同業組合、刊行年不詳）三頁（神奈川県立図書館所蔵）
143 前掲『箱根物産』九頁
144 久甫「郷土の土産」『旅』（一九三九年三月）
145 同右
146 同右
147 全日本観光連盟編『観光土産品と工芸』（全日本観光連盟、一九四八年）二二頁
148 前掲『観光の現状と課題』五五〇頁
149 木下直之『世の途中から隠されていること――近代日本の記憶』（晶文社、二〇〇二年）二六七頁
150 同右
151 「発見みやげパワー――産地も品も栄枯盛衰 ペナント・木彫りの置物はどこに？」『日経ＭＪ』（二〇〇三年一月四日）

152　山村順次『観光地の形成過程と機能』（御茶の水書房、一九九四年）二五四頁
153　株式会社タカチホ　ホームページ https://www.kk-takachiho.jp/publics/index/29/（二〇一二年一月三十日アクセス）
154　「発見みやげパワー――産地も品も栄枯盛衰　広域化進む製造拠点」『日経ＭＪ』（二〇〇三年一月四日）
155　寿製菓株式会社ホームページ https://www.okashinet.co.jp/company/history/（二〇一二年一月三十日アクセス）
156　「発見みやげパワー――新興勢力知恵絞る　ナショナルブランド地方へ」『日経ＭＪ』（二〇〇三年一月四日）
157　鍛治博之「土産物としての地域限定菓子」『市場史研究』（二七号、二〇〇七年）
158　「地域限定ご当地菓子が土産品でブーム」『みやげ品ニュース』（二号、一九九七年十一月）

［第5章］

1　関戸明子『近代ツーリズムと温泉』（ナカニシヤ出版、二〇〇七年）四六頁
2　前掲『近代ツーリズムと温泉』八五頁
3　前掲『近代ツーリズムと温泉』一〇八頁
4　高橋信雄『伊香保温泉案内』（温泉の日本社、一九二六年）七一頁
5　田口浪三編『群馬県営業便覧』（全国営業便覧発行所、一九〇四年）「群馬郡」内三〇～三七頁
6　「真砂まんぢう」『読売新聞』（一八八五年八月八日）
7　松岡広之編『日本鉄道案内記』（松岡広之、一八九九年）一〇八頁
8　磯部誌編集委員会編『磯部誌』（磯部地誌刊行会、一九九〇年）二三三、二三四、四五六～四五九頁
9　前掲『伊香保温泉案内』一二六頁
10　長谷川時雨「あこがれ」高木角治郎編『伊香保みやげ』（伊香保書院、一九九六年）七八頁

11 「温泉饅頭発祥　伊香保温泉　勝月堂」（商品同封のチラシ）
12 田山花袋『一日の行楽』（博文館、一九一八年）二六一頁
13 前掲『一日の行楽』二六〇頁
14 鈴木秋風『伊香保案内』（岸物産商店、一九一一年）二四〜二六頁
15 前掲『伊香保温泉案内』（広告）
16 勝月堂「湯乃花饅頭」の包装紙には「陸軍特別大演習賜天覧御買上之栄　昭和九年十一月十七日」という文字の入った写真が印刷されていた。
17 伊香保町教育委員会編『伊香保誌』（伊香保町役場、一九七〇年）一〇四一頁
18 中野良「大正期日本陸軍の軍事演習――地域社会との関係を中心に」『史学雑誌』（一一四巻四号、二〇〇五年）
19 「道後温泉」編集委員会編『道後温泉』（松山市、一九七四年）一三九〜一四四頁
20 前掲『道後温泉』四〇三頁
21 黒面郎編『道後の温泉』（今井神泉堂、一九一一年）八〇、八一頁
22 前掲『道後の温泉』八二頁
23 前掲『道後の温泉』八三頁
24 吉田音五郎編『道後花柳情史――附道後美人写真鑑』（海南新聞、一九一七年）一二頁
25 前掲『道後の温泉』八三頁
26 同右
27 夏目漱石『坊っちゃん』（岩波文庫、一九八九年）三四頁
28 前掲『坊っちゃん』三三頁
29 前掲『道後温泉』二三七頁

30　前掲『道後温泉』四二七頁
31　前掲『道後の温泉』八三頁
32　前掲『道後温泉』四二八頁
33　曽我正堂『道後温泉史話』（三好文成堂、一九三八年）
34　山村順次「熱海における温泉観光都市の形成と機能」『東洋研究』（二二号、一九七〇年）
35　小川徳太郎『熱海案内誌』（小川徳太郎、一九〇八年）五一～五三頁
36　齋藤要八『新撰熱海案内』（熱海温泉場組合取締所、一九一四年）一〇九、一一〇頁
37　熱海市『熱海町誌』（熱海市役所秘書課、一九六三年）一五頁（原書は一九一二年刊）
38　熱海市史編纂委員会編『熱海市史 下巻』（熱海市、一九六八年）一六七頁
39　前掲『熱海市史 下巻』一六九頁
40　熱海町役場観光課編『熱海――丹那隧道開通記念』（熱海町役場観光課、一九三四年）一四頁
41　前掲「熱海における温泉観光都市の形成と機能」
42　大分大学経済研究所『観光温泉都市の経済的考察――別府・熱海・伊東の比較研究』（大分大学経済研究所、一九五三年）一一頁
43　森本孝編『宮本常一とあるいた昭和の日本10 東海北陸2』（農山漁村文化協会、二〇一〇年）三三頁。初出は『あるく みる きく』（一四一号、一九七八年）。
44　前掲『宮本常一とあるいた昭和の日本10』三四頁
45　瀬崎圭二「「金色夜叉」と熱海――口絵の力と現在」『国文学攷』（二〇一号、二〇〇九年）
46　大阪商船三井船舶株式会社編『大阪商船株式会社八十年史』（大阪商船三井船舶、一九六六年）二五九、二六〇頁
47　別府市観光協会編『別府温泉史』（いずみ書房、一九六三年）七〇、七一頁

48 菅野剛宏「温泉イメージの変容――広告・雑誌記事にみる志向の変化」日本温泉文化研究会編『温泉の文化誌 論集 温泉学①』(岩田書院、二〇〇七年)
49 前掲『別府温泉史』四〇三頁
50 菊池幽芳「別府繁昌記 六」『別府史談』(九号、一九九五年)
51 小沢清躬『有馬温泉史話』(五典書院、一九三八年)三〇八頁
52 章林散士『有馬温泉案内』(山本文友堂、一八九九年)九頁
53 前掲『有馬温泉史話』三一四、三一五頁
54 佐藤巌編『別府温泉』(松浦清平、一九一五年)八五頁
55 佐藤蔵太郎編『別府温泉誌』(武田新聞舗、一九〇九年)一二三頁
56 前掲『別府温泉史』四〇四頁
57 前掲『別府温泉』八五頁
58 前掲『別府温泉』八五、八六頁
59 上野一也編『泉都別府温泉案内』(雅楽堂松尾数馬、一九一七年)一二六頁
60 鉄道省編『温泉案内』(博文館、一九四〇年)二七一頁
61 前掲『観光温泉都市の経済的考察』四一頁
62 奥野他見男『別府夜話』(潮文閣、一九二五年)一四八頁
63 前掲「日本における戦後高度経済成長期の団体旅行に関する一考察」
64 前掲『宮本常一とあるいた昭和の日本10』二五頁
65 前掲「温泉イメージの変容」
66 前掲『別府温泉史』三四八頁
67 高橋信雄「天下の仙境 伊香保温泉」『温泉世界 第12号 伊香保号』(日本温泉協会、一九二〇年)

68　前掲『有馬温泉史話』三一五頁
69　前掲「温泉イメージの変容」

［第6章］

1　東京急行電鉄社史編纂事務局編『東京急行電鉄50年史』（東京急行電鉄社史編纂委員会、一九七三年）四五四、四五五頁
2　（広告）「9月11日開業　箱根湯本　東急ドライブ・イン」『読売新聞』（一九五六年九月八日）
3　日本交通公社『ドライブインの経営』（日本交通公社、一九六九年）五、六頁
4　国土交通省道路局企画課『道路統計年報　２００８年版』（全国道路利用者会議、二〇〇八年）
5　前掲『米屋一〇〇年の歩み』一六八～一七一頁
6　前掲『米屋一〇〇年の歩み』二七一頁
7　「今日の問題　ドライブイン文化」『朝日新聞』（一九六九年四月二十二日夕刊）
8　同右
9　「［新観光風土記］お株奪われて客足がた落ち　衰退する国一沿線」『読売新聞』（一九七〇年四月十一日）
10　国土政策と高速道路の研究会編著『国土と高速道路の未来――豊富なデータから読み解く道路網整備のこれから』（日経BP社、二〇〇四年）二四、二五頁
11　前掲『道路統計年報　２００８年版』
12　前掲『国土と高速道路の未来』四六頁
13　「道路施設協会の設置　首相了承」『読売新聞』（一九六五年三月二十日）
14　道路施設協会編『道路施設協会三十年史』（道路施設協会、一九九六年）二三、二四頁
15　「発見みやげパワー――土産ここにあり　東名海老名ＳＡ　上り下りで品変える」『日経ＭＪ』（二〇〇三年

一月四日）
16 「知りたい！：「ミチナカ」で買い物　高速道ショップ　「デパ地下」風、人気店も」『毎日新聞』（二〇〇八年七月四日夕刊）
17 同右
18 「［09ブランド列伝］峠の釜めし（おぎのや）手作りの温かさぎっしり」『読売新聞』（二〇〇九年八月四日）
19 前掲『日本各地の名物菓子』一一一頁
20 市原巖「地域限定主義の土産商法で「萩の月」を育てる（株）菓匠三全」『商工ジャーナル』（三三八号、二〇〇三年）
21 「［追悼抄みやぎ］12月　銘菓・萩の月を生んだ菓匠三全会長・田中実さん」『読売新聞』（二〇〇一年十二月六日）
22 前掲「地域限定主義の土産商法で「萩の月」を育てる（株）菓匠三全」
23 前掲「［追悼抄みやぎ］12月　銘菓・萩の月を生んだ菓匠三全会長・田中実さん」
24 宮城建人「仙台空港70年の歩み」『七十七ビジネス情報』（二八号、二〇〇五年）http://www.77bsf.or.jp/business/quarterly/no28/senjin.htm（二〇一二年十二月十日アクセス（現在はアクセス不可））
25 前掲「［追悼抄みやぎ］12月　銘菓・萩の月を生んだ菓匠三全会長・田中実さん」
26 「もらってうれしい菓子のみやげ――定番の味、再会楽しみ」『日経プラスワン』（二〇〇六年八月十二日）
27 横島公司「２００７年の北海道経済　北海道ブランドの失墜と再生――「白い恋人」の偽装問題」『地域と経済』（五号、二〇〇八年）
28 「北の国の白い恋人（４）石屋製菓社長石水勲氏（仕事人秘録）」『日経産業新聞』（二〇〇七年八月九日）
29 北海道旅客鉄道編『青函連絡船――栄光の軌跡』（北海道旅客鉄道、一九八八年）二五四頁

30　北海道空港株式会社社史編纂室編『新時代へ――北海道空港25年史　1961→1986』（北海道空港、一九八六年）九六頁
31　前掲『新時代へ』六六、六七頁
32　前掲「2007年の北海道経済　北海道ブランドの失墜と再生」
33　「定番土産のヒミツ②ひよ子」『旅の手帖』（二〇〇五年七月）
34　「平成18年11月29日知財高裁判決平成17年（行ケ）第10673号」（D1-Law.com）
35　同右
36　「元祖を食す――「ひよ子」新幹線が広めた全国ブランド」『サライ』（一九九四年二月十七日）
37　「発見みやげパワー――売上高1位「赤福」、2位「白い恋人…」」『日経MJ』（二〇〇三年一月四日）
38　「名菓ひよ子――飯塚発祥、60年代東京へ（転勤族のための九州沖縄学）」『日本経済新聞』（二〇〇九年十月十日）
39　「東京を代表する土産物は？（女性かわらばん）」『日本経済新聞』（一九九七年十一月二十日夕刊
40　『主要問題記録　昭和九年度　第四冊　東京土産品協会設立ニ関スル記録』（東京商工会議所チェンバーズギャラリー所蔵）
41　「東京製品進出の秘策を練る　八日　土産品座談会」『東京朝日新聞』（一九三六年十二月三日夕刊）、「五輪大会　外人客にはこんな注意　お土産品の座談会」『東京朝日新聞』（一九三六年十二月九日）
42　「モーニングの売り子活躍　市の商品館店開き」『東京朝日新聞』（一九三六年七月五日夕刊
43　「観光東京の本山　五輪大会と万国博を目指し　出現する観光会館」『東京朝日新聞』（一九三七年四月二十八日）
44　青山光太郎『大東京の魅力』（東京土産品協会、一九三六年）三四九〜四〇一頁
45　山本光正『江戸見物と東京観光』（臨川選書、二〇〇五年）一一六、一六七頁

46 山口文憲「東京駅探険」中川市郎、山口文憲、松山巖『東京駅探険』(新潮社、一九八七年)
47 同右
48 ただし、雷おこしや草加せんべいは、単一の業者だけが製造しているわけではなく、複数の業者が製造販売を手がけている。このことは京都の八ツ橋などにも当てはまる。
49 「東京駅での土産菓子売り上げベスト5」『日経産業新聞』(一九九八年十一月二十日)
50 「懐かしのバナナ菓子」『日経流通新聞』(一九九一年十二月二十六日)
51 「「東京銘菓」なぜ地元で売らぬ」『日本経済新聞』(二〇〇九年六月二十八日)
52 酒井正子『羽田 日本を担う拠点空港——航空交通と都道府県』(成山堂書店、二〇〇五年)四頁
53 杉浦一機『生まれ変わる首都圏の空港』(交通新聞社、二〇〇九年)二〇頁
54 「東京駅みやげ——「ばな奈」ならなっ得「ここだけの商品」上位(ヒットを狙え)」『日経MJ』(二〇〇五年三月二十五日)
55 同右
56 「「東京ばな奈」のグレープストーン 土産物で地歩」『日経産業新聞』(一九九八年十一月二十日)
57 山崎製パンが製造販売している洋菓子。皮を剥いたバナナ丸ごと一本をホイップクリームとともにスポンジケーキで包み込んでいる。
58 「【東京名産ものがたり】東京ばな奈「見ぃつけたっ」(杉並区)」『産経新聞』(一九九八年三月十一日)
59 前掲「「東京ばな奈」のグレープストーン 土産物で地歩」
60 「その土産をなぜ選ぶのか——「何となく執着」? ヒットに4原則(暮らしサプライズ)」『日経プラスワン』(二〇〇七年十二月二十二日)
61 谷本研『ペナント・ジャパン』(パルコエンタテインメント事業局、二〇〇四年)四頁
62 谷本研「日本「風景(ぺなんと)」論序説」『ダイアテキスト』(九号、二〇〇三年)

63　みうらじゅん『いやげ物』（メディアファクトリー、一九九八年）
64　「発見みやげパワー――ハレ消費　デフレ圧力かわす（地方発ブランド）」『日経MJ』（二〇〇三年一月四日）
65　前掲『旅行者の行動と意識の変化　1999～2008』三一頁
66　前掲「発見みやげパワー――ハレ消費　デフレ圧力かわす（地方発ブランド）」
67　「発見みやげパワー――新興勢力　知恵絞る　TDR、売上高日本一900億円　商品構成年4回見直し」『日経MJ』（二〇〇三年一月四日）
68　株式会社オリエンタルランド「FACT BOOK 2024」（二〇二四年四月）
69　「おみやげ1つに職場力学　銘柄指定に泣かされて　渡し方にも暗黙ルール」『読売新聞』（一九九八年八月十七日）
70　同右
71　「人気みやげは横浜シューマイ、ディズニーランド人形焼」『みやげ品ニュース』（二五号、一九九九年八月）
72　前掲『旅行者の行動と意識の変化　1999～2008』八四、八五頁
73　「発見みやげパワー――産地も品も栄枯盛衰　地域の伝統　ブランドに」『日経MJ』（二〇〇三年一月四日）
74　鈴木實『革新する土産品営業』（全国観光と物産新聞社、一九九六年）二五頁
75　前掲『革新する土産品営業』二六頁
76　上田真弓、池田浩一郎『中国人観光客が飛んでくる!』（マイコミ新書、二〇一〇年）四八、四九頁
77　濱名篤「海外団体パッケージ・ツアーの普及と土産物店での購買行動」白幡洋三郎編『旅と日本発見――移動と交通の文化形成力』（国際日本文化研究センター、二〇〇九年）
78　前川健一『異国憧憬　戦後海外旅行外史』（JTB、二〇〇三年）一六八頁

79 「行ったつもりで「アリバイ横丁」(週刊You・meジャーナル)」『朝日新聞』(一九九九年十月七日大阪夕刊)
80 ただし、実際にアリバイ的な使い方をされる機会は、あまり多くなかったという説もある。
81 「トラベラー 増収増益と好調 国内みやげも拡大」『みやげ品ニュース』(一七号、一九九八年十二月)
82 井口貢「土産品と観光」谷口知司編著『観光ビジネス論』(ミネルヴァ書房、二〇一〇年)

[終章]

1 平山昇「明治期東京における「初詣」の形成過程――鉄道と郊外が生み出した参詣行事」『日本歴史』(六九一号、二〇〇五年)、同『鉄道が変えた社寺参詣――初詣は鉄道とともに生まれ育った』(交通新聞社新書、二〇一二年)
2 前掲『博覧会の政治学』
3 吉田光邦編『万国博覧会の研究』(思文閣出版、一九八六年)
4 前掲『日本の経済発展と技術普及』二四一~二四九頁
5 加藤陽子『徴兵制と近代日本』(吉川弘文館、一九九六年)、一ノ瀬俊也『近代日本の徴兵制と社会』(吉川弘文館、二〇〇四年)
6 前掲「大正期日本陸軍の軍事演習」、吉田律人「新潟県における兵営設置と地域振興――新発田・村松を中心として」『地方史研究』(五七巻一号、二〇〇七年)、河西英通『せめぎあう地域と軍隊――「末端」「周縁」軍都・高田の模索』(岩波書店、二〇一〇年)など。
7 前掲「旅みやげの発展と地域文化の創造」
8 ケネス・ルオフ著、木村剛久訳『紀元二千六百年――消費と観光のナショナリズム』(朝日選書、二〇一〇年)

あとがき

おみやげの歴史という「奇妙な」テーマの研究に手を染めることになったのは、本当にふとしたことがきっかけであった。

二〇〇一年夏、たまたま旅行でロンドンを訪れた際、現地に留学していた友人が「おみやげ展」を案内してくれたことがすべての始まりであった。大規模なものでなくほんの小さな企画展であったが、それまで特に意識したこともなかった名物やおみやげという文化が外国人には新鮮に見えるということが分かって驚きであったし、それ以上にこうしたテーマが研究の対象となり得るということに感心した。

ちょうどこのころ私は、近代の都市形成に関する博士論文（二〇〇四年に『近代日本の大都市形成』として岩田書院から刊行）を書き上げたところであったが、日本の近代を描く場合において、それ以外の時代の深みと地域の広がりの中で位置づけていくことの重要性を痛感していた。おみやげというテーマは、こうした角度から日本の近代に切り込みを入れることができる、恰好の題材だと感じたのである。

と、書けばそれなりにもっともらしいが、実際にはこのテーマならいろんなところを旅行しながら、そのついでに資料調査もできて一石二鳥だ、というよこしまな心持ちが多くを占めていたことは認めざるを得ない。その後、各地に行くたびに、図書館などで史料や文献を見るなどしていたが、漫然と史料を眺めているだけでは、研究の方向性など摑めるはずもなかった。実際、そうした状況を見て「こんな研究の真似事をしていても仕方がない」と忠告してくる友人もいたのである。

その状況を変えていく大きなきっかけとなったのが、老川慶喜先生のお声がかりで参加させていただくことになった国立歴史民俗博物館の企画展「旅――江戸の旅から鉄道旅行へ」の展示プロジェクトであった。そこで山本光正先生をはじめとする前近代史の研究者や、平山昇さんのような近い分野を研究する方と接する中で、近世的な名物が近代においてどのように変容していったのかという視点を次第に固めていけるようになった。こうして二〇〇八年七月に行われた歴博フォーラムでは、鉄道と近代のおみやげ形成という観点からお話をさせていただくことができた。

さらに、二〇一〇年七月には、「鉄道を通して見た日本の近代」研究会でもお話しする機会を得たが、座長の高階秀爾先生はじめ、諸先生からも貴重なご意見を賜った。こうして次第に近世的な名物が、鉄道、博覧会、軍隊といった近代の装置によって変容し、新たに近代的なおみやげが形成されていく姿をできるだけ具体的に論じるという本書の基本的な視角が出来上がっていったのである。同年度からは科学研究費補助金も受けることができ、おみやげを巡る各地の旅のスピードも加速した。波照間から稚内に至る日本の領域だけでなく、時には台湾の山岳地帯や大西洋を望むスペインの西の果てにまでその旅は続いた。その間、現地を訪れることではじめて存在を知り、口にすることができた名物も少なくない。

ところで、これまでおみやげの歴史に関する研究が進まなかった一つの背景には、多くの歴史、とりわけ日本史関係の研究者の多くが、大の酒好きだということがあったのではないかとも思う。その証拠に酒造業の研究というのはけっこう進んでいるのである。恐らくそうした人々にとって、甘いものが多い名物やおみやげというのは、興味をそそる対象ではなかったのではないかという気もする。

こうして出来上がった本書は、歴史の研究として見た場合、かなり異端の内容となった。だが、同時に時代や地域から俯瞰した形で近代日本の文化および社会の一面を描くことができたのではないかとも思っている。現在は本書で得られた蓄積を生かす形で、近代都市形成と神社仏閣というテーマで研究を進めているところである。

研究を進めている最中は、自分ひとりでやっているような感覚に襲われるのだが、こうしてこれまでのいきさつを振り返ってみると、それは一種の錯覚であり、やはり多くの方々の協力があってこそ本書が成り立ったと思わざるを得ない。

とてもすべての方々のお名前を挙げるわけにはいかないが、最初におみやげが研究の対象になるということに気付くきっかけを作ってくれた稲庭彩和子さん、本書の出版を勧めて下さった内藤一成さんには、特にお礼を述べたい。また、中途半端な文章の塊に過ぎなかった原稿を一冊の本にまとめて下さった講談社の青山遊さんにも大変お世話になった。

二〇一三年一月

鈴木勇一郎

本書は平成二二―二四年度科学研究費補助金若手研究(B)（研究課題番号：22720251）による研究成果の一部である。

学術文庫版あとがき

本書『おみやげと鉄道』の原本を上梓してから、十年以上の月日が経過した。筆者がおみやげ研究をはじめるきっかけとなった、大英博物館「現代日本のおみやげ」展が開催されたのは二〇〇一年のことであり、それから数えればすでに四半世紀近い年月が経ったことになる。

本書とくに第6章でとりあげた事柄の中には、いまとなってはやや旧聞に属することが少なからずある。全体の論旨自体は大きく変わってはいないと思われるが、細部の情報については平成後期のものであることを、ご承知おきいただきたい。

執筆時点の認識についても、更新する必要を感じている点がある。本書では、日本のおみやげの画期を鉄道の登場と普及に置いた。江戸時代の旅は、徒歩で長期間にわたることが多く、軽く、腐らず、かさばらないことがおみやげとしての必須条件であったが、鉄道によって旅行に要する時間が短縮されたことで、日持ちしない食べ物をおみやげにすることが可能になったと述べている。

鉄道が大きな影響を与えたという見方それ自体は、現在でも大きく修正する必要はないと考えている。明治時代の終わりごろからお菓子を中心とする食べ物のおみやげが広く普及したことは、たしかな事実である。

しかし、鉄道が普及してからもしばらくは、おみやげとなったお菓子類の大半は、比較的日持ちがする豆菓子や生姜糖の類であった。その点について、本書では十分には述べられていない。それらの存在については言及しているが、餅や饅頭のような生に近いお菓子類が登場したことのほうに重きを置いた記述となっている。だが、餅などがおみやげの主流にとって代わったと言えるようになるまでには、さらなる時間を要したのである。

その状況が大きく変わったのは高度成長期、脱酸素剤が開発され、個別包装化が進んでからのことである。そうした流通技術の革新によって、生に近い食べ物を常温で比較的長期間にわたって流通させることが可能となってはじめて、餅や饅頭などがおみやげの主力商品となった。この点について、この場を借りて補足しておきたい。

本書の原本が刊行されてから、旅とおみやげを取り巻く状況には、大小の変化があった。日本人が団体旅行を好んでいたことや、旅先でおみやげを買い漁っていた情景などは、刊行当時でもかろうじて実感を伴って読まれたかどうかといったところであったが、いまとなっては、そうしたイメージはもっぱら中国人をはじめとするインバウンド旅行客のものとなったと言えるだろう。

インバウンドの拡大は、日本のおみやげのあり方に、大きな変化をもたらしている。本書

第6章では、将棋の駒形の通行手形やちょうちん、ペナントといった観光みやげ品の盛衰について取り上げた。かつて昭和期において隆盛をみせたそれらの非食品みやげ品は、その後「いやげ物」と疎まれるようになって売り場からほぼ駆逐され、みやげ物店はお菓子をはじめとする食べ物類で埋め尽くされていると、そこでは述べている。ところが、近ごろのインバウンド客が多い観光地や施設のみやげ物売り場では、食品ではない観光みやげ品がふたたび幅を利かせるようになっている。

本書では、観光ペナントなどは西洋的なスーベニア的性格をもつことを指摘した。さらには、日本のおみやげのスーベニア化の可能性についても述べている。おみやげ観が今後どのように変化していくのか、注目に値するだろう。

旅とおみやげのあり方は大きく変化し続けている。しかし同時に、その本質は変わっていないとも言える。

高度成長期以降、産地とは関係ない企業が製造する「レールもの」の菓子類や、全国的メジャーブランドの「ご当地もの」商品が数多く出まわるようになったことを本書では取り上げた。「名物」の条件を、その土地の産物であることとすれば、それらはおよそ「まがいもの」としか言いようがない。だが、何らかの形でその土地に紐づけられることを名物の本質だとするならばどうか。

それらの商品の多くは、その土地に行ってきたことを証明していることはたしかである。

旅先で買い求めた菓子類を周囲に配るという日本のおみやげ文化のあり方をふまえると、個別包装され品質に一定の保証があるそれら「レールもの」「ご当地もの」こそが、その目的にもっとも適っているのであり、むしろおみやげの正統な系譜を踏んでいるとみることもできるだろう。

筆者はかならずしもおみやげ文化のみを専門とする研究者ではないため、本書原本の刊行後は、このテーマについて深く掘り下げることはなかった。だが、インバウンドの急増やコロナ禍といった状況の変化をふまえると、あらためておみやげ研究に取り組みなおす必要があると痛感している。今回、本書が講談社学術文庫の一冊となったことをきっかけとして、自らの研究を振り返ることができたので、あらためて今後の研究の方向性を考えていきたい。

二〇二五年一月

鈴木勇一郎

［マ行］

［ヤ行］

［ワ行］

名物索引

［ア行］

［カ行］

本書の原本は、二〇一三年に講談社より刊行されました。

鈴木勇一郎（すずき　ゆういちろう）

1972年，和歌山県に生まれる。青山学院大学大学院文学研究科博士後期課程修了。博士（歴史学）。現在，川崎市市民ミュージアム学芸員。専攻は日本近代史，近代都市史。主な著書に『国鉄史』『電鉄は聖地をめざす』『近代日本の大都市形成』など。

定価はカバーに表示してあります。

おみやげと鉄道
「名物」が語る日本近代史
鈴木勇一郎

2025年２月11日　第１刷発行

発行者　篠木和久
発行所　株式会社講談社
東京都文京区音羽 2-12-21 〒112-8001
電話　編集（03）5395-3512
販売（03）5395-5817
業務（03）5395-3615
装　幀　蟹江征治
印　刷　株式会社広済堂ネクスト
製　本　株式会社国宝社
本文データ制作　講談社デジタル製作

ISBN978-4-06-538323-0

「講談社学術文庫」の刊行に当たって

　これは、学術をポケットに入れることをモットーとして生まれた文庫である。学術は少年の心を養い、成年の心を満たす。その学術がポケットにはいる形で、万人のものになることは、生涯教育をうたう現代の理想である。

　こうした考え方は、学術を巨大な城のように見る世間の常識に反するかもしれない。また、一部の人たちからは、学術の権威をおとすものと非難されるかもしれない。しかし、それはいずれも学術の新しい在り方を解しないものといわざるをえない。

　学術は、まず魔術への挑戦から始まった。やがて、いわゆる常識をつぎつぎに改めていった。学術の権威は、幾百年、幾千年にわたる、苦しい戦いの成果である。こうしてきずきあげられた城が、一見して近づきがたいものにうつるのは、そのためである。しかし、学術の権威を、その形の上だけで判断してはならない。その生成のあとをかえりみれば、その根は常に人々の生活の中にあった。学術が大きな力たりうるのはそのためであって、生活をはなれた学術は、どこにもない。

　開かれた社会といわれる現代にとって、これはまったく自明である。生活と学術との間に、もし距離があるとすれば、何をおいてもこれを埋めねばならない。もしこの距離が形の上の迷信からきているとすれば、その迷信をうち破らねばならぬ。

　学術文庫は、内外の迷信を打破し、学術のために新しい天地をひらく意図をもって生まれた。文庫という小さい形と、学術という壮大な城とが、完全に両立するためには、なおいくらかの時を必要とするであろう。しかし、学術をポケットにした社会が、人間の生活にとってより豊かな社会であることは、たしかである。そうした社会の実現のために、文庫の世界に新しいジャンルを加えることができれば幸いである。

一九七六年六月

野間省一